相続と生命保険

生命保険は相続に強い！

2023年増補改訂増刷

本書は、令和5年9月1日現在の税制に基づき作成しています。

生前贈与の改正は令和6年1月1日から適用の改正内容により解説しています。

ご留意ください。

新日本保険新聞社

目　　次

第1章　令和5年の生前贈与の改正と平成30年の相続法の改正

第2章　相続と生命保険

第3章　相続税額・相続財産完全防衛額早見表

第4章　相続法のあらましと生命保険活用のポイント

第5章　相続話法（遺産分割対策）と相続税話法（相続税の納税対策）

第6章　生命保険料贈与の取り扱いと活用法

第7章　生命保険と相続をめぐる難問疑問集

令和5年の生前贈与の改正と平成30年の相続法の改正

第1章

1 生前贈与の改正の背景

　令和5年度税制改正において、相続税・贈与税について、資産移転の時期の選択により中立的な税制の構築として、①相続時精算課税制度の使い勝手の向上と、②暦年課税における相続前贈与の加算期間等の見直しが行われた。

●改正の趣旨と背景

　相続税・贈与税については、生前贈与と相続との間で資産移転の時期の選択に対して税制の中立性を確保することが重要との認識の下、平成15年度の相続時精算課税制度の創設などが行われてきた。

　相続税・贈与税は、税制が資産の再分配機能を果たす上で重要な役割を担っている。贈与税については、生前贈与を通じた相続税の課税回避の防止を図ること、無償の利得である贈与に対しては高い負担を求めることが適当であると考えられること等から、相続税に比し高い累進税率で課税されている。

　この高い累進税率を持つ贈与税が結果的に高齢者からの資産移転を阻害する方向に働いていると考えられ、政府税制調査会の「平成15年度における税制改革についての答申—あるべき税制の構築に向けて—」（平成14年11月）においては、以下のとおりの指摘がされている。

> 　暦年で単一年の課税であるわが国の贈与税においては、相続税の課税回避を防止する観点から税負担は比較的高い水準に設定されている。高齢化の進展に伴って相続による次世代への資産移転の時期がより後半にシフトしていることから、資産移転の時期の選択に対する中立性を確保することが重要となってきている。高齢者の保有する資産が現在より早い時期に次世代に移転するようになれば、その有効活用を通じて経済社会の活性化に資するといった点も期待されよう。このような観点から、相続税・贈与税の調整のあり方（生前贈与の円滑化）を検討すべきである。

　そして、「相続時点でなければ各相続人別の正確な相続税額は確定しないというわが国の相続税制度の特徴」を踏まえ、相続時精算課税制度を創設するという趣旨が述べられている。

　その後も、高齢化の進展に伴い、高齢世代に資産が偏在するとともに、いわゆる「老老相続」が増加するなど、若年世代への資産移転が進みにくい状況にある。高齢世代が保有する資産がより早いタイミングで若年世代に移転することとなれば、その有効活用を通じた経済の活性化が期待される。

　しかし、相続税がかからない人や相続税がかかる人であっても、贈与税の税率の方が高いため、生前にまとまった財産を贈与しにくい。他方、相続税がかかる人の中でも相続財産の多いごく一部の人にとっては、財産を生前に分割して贈与する場合、相続税よりも低い税率が適用される。

　このような問題認識の下、政府税制調査会において議論が行われてきた。

　そして、令和3年度与党税制改正大綱には、【相続税・贈与税のあり方】として次のような記載が盛り込まれ、相続税・贈与税の改正に注目が集まることとなった。

●資産移転の時期の選択に中立的な相続税・贈与税に向けた検討

　高齢化等に伴い、高齢世代に資産が偏在するとともに、相続による資産の移転による資産の世代間移転の時期がより高齢期にシフトしており、結果として若年世代への資産移転が進みにくい状況にある。

　高齢世代が保有する資産がより早いタイミングで若年世代に移転することになれば、その有効活用を通じた、経済の活性化が期待される。このため、資産の再配分機能の確保に留保しつつ、資産の早期の世代間移転を促進するための税制を構築することが重要な課題となっている。

　わが国の贈与税は、相続税の累進回避を防止する観点から、高い税率が設定されており、生前贈与に対し抑制的に働いている面がある。一方で、現在の税率構造では、富裕層による財産の分割贈与を通じた負担回避を防止するには限界がある。

　諸外国では、一定期間の贈与や相続を累積して課税すること等により、資産の移転タイミング等にかかわらず、税負担が一定となり、同時に意図的な税負担の回避も防止されるような工夫が講じられている。

　今後、こうした諸外国の制度を参考にしつつ、相続税と贈与税をより一体的に捉えて課税する観点から、現行の相続時精算課税制度と暦年課税制度のあり方を見直すなど、格差の固定化の防止等に留意しつつ、資産移転の時期の選択に中立的な税制の構築に向けて、本格的な検討を進める。

　令和4年度税制改正大綱にも同様の記述があり、令和5年度税制改正に向けて令和4年

10月に「相続税・贈与税に関する専門家会合」が開催され、「資産移転の時期の選択により中立的な税制の構築に向けた論点整理」（令和4年11月）が取りまとめられた。

そこでは、中期的な課題として、「諸外国と同様の形で累積的な課税を目指すとすれば、法定相続分課税方式を見直していくことが考えられる」としつつ、課税方式も含む相続税・贈与税のあり方については、資産移転の時期の選択に対する中立性の観点だけではなく、幅広い観点から議論を行っていく必要があるとされた。また、当面の対応としては、相続時精算課税制度については、「納税者が必要に応じて同制度を利用できるようにすべきではないか」「一定の少額以下は課税しないことが考えられるのではないか」といった意見が述べられ、暦年課税における相続前贈与の加算については、「現行の加算期間を延ばすことが適当ではないか」「一定額以下の少額贈与に係る取扱いについて検討することも考えられるのではないか」といった意見が述べられていた。

そして、令和5年度税制改正において、相続税・贈与税について、資産移転の時期の選択により中立的な税制の構築として、相続時精算課税制度の使い勝手の向上と暦年課税における相続前贈与の加算期間等の見直しが行われた。ここでは、これらの改正について見ていくことにする。

②　相続時精算課税制度の改正

●相続時精算課税制度の使い勝手の向上

【改正前の内容】

　相続時精算課税制度は、原則として、贈与をした年の1月1日において60歳以上の父母または祖父母などから、贈与を受けた年の1月1日において18歳以上の直系卑属（子または孫など）に対し、財産を贈与した場合において選択できる贈与税の制度。

　贈与時に軽減・簡素化された贈与税（累積贈与額2,500万円までは特別控除により納税はなく、2,500万円を超えた部分に一律20％課税）を納付する。暦年課税のような基礎控除はなく、相続時には、累積贈与額（財産の評価は贈与時点での時価で固定）を相続財産に加算して相続税を課税する。納付済みの贈与税は相続税額から税額控除され、控除しきれない場合は還付される。

　相続税法上の相続時精算課税に係る受贈者は、贈与者の推定相続人に限定されている（相法21の9①）が、租税特別措置法の規定により、贈与者の孫も受贈者となることができる（措法70の2の6〜70の2の8）。

　相続時精算課税の適用を受けようとする受贈者は、贈与を受けた財産に係る贈与税の申告期間内（贈与を受けた年の翌年2月1日から3月15日までの期間内）に贈与者ごとに相続時精算課税選択届出書を作成し、贈与税の申告書に添付して、贈与税の納税地の所轄税務署長に提出しなければならない（相法21の9②、旧相令5①、旧相規10①）。この相続時精算課税選択届出書には、戸籍の謄本その他一定の書類を添付する必要がある。

　なお、相続時精算課税選択届出書を提出すると、その届出書は撤回できないこととされており、いったん選択すると、暦年課税に戻ることはできない。

【改正の内容】

1．相続時精算課税における基礎控除の創設

　その年分の贈与税については、課税価格から基礎控除110万円を控除できる。

　相続時精算課税選択後も、毎年110万円以下の贈与については贈与税の申告は不要。

　相続時精算課税制度は、生前に贈与を受けた財産についての課税上の精算を相続時に行うことが制度の前提とされていることから基礎控除は設けられていなかった。

　一方で、相続時精算課税制度では、その選択をした後の贈与については、その金額にか

かわらず贈与税の申告をしなければならず、その手続きが煩雑であるため相続時精算課税制度の利用が進まないのではないかといった指摘があった。そこで、相続時精算課税制度の利用を促進する観点から、相続時精算課税を選択した後の贈与についても、毎年110万円の基礎控除が設けられることになった。

　なお、この相続時精算課税に係る贈与税の基礎控除は、暦年課税に係る贈与税の基礎控除とは別のものとなっているので、暦年課税に係る基礎控除と相続時精算課税に係る基礎控除とをそれぞれ適用することで、年間で最大220万円までの贈与について贈与税が課税されないことになる。

> **(注)** 相続時精算課税に係る贈与税の基礎控除は、相続税法上は暦年課税に係る贈与税の基礎控除（相法21の5）と同様に60万円となっている（相法21の11の2①）が、いずれも租税特別措置法で110万円に引き上げられている（措法70の2の4①、70の3の2①）。

　改正前の相続時精算課税制度では、特定贈与者の相続税の計算上、特定贈与者から贈与を受けた財産の価額が相続税の課税価格に加算されることとなっていたが、上記の相続時精算課税に係る贈与税の基礎控除により控除された額については、特定贈与者の相続時に特定贈与者の相続税の課税価格に加算されない（相法21の15①、21の16③）。

　なお、相続時精算課税に係る贈与税の基礎控除が設けられた結果、特定贈与者から贈与を受けた財産の価額が基礎控除以下である場合には、贈与税の申告が不要（相法28①②）となったことから、そのような場合には相続時精算課税選択届出書のみを提出することとされ、その旨を相続時精算課税選択届出書に記載することとされた。

　この見直しにより、相続時精算課税制度の使い勝手が向上するとともに、暦年課税においても相続前贈与の加算期間が延びることで、結果として、より早いタイミングで子や孫への資産移転が行われるものと期待されている。

２．災害により被害を受けた場合の再計算の導入

　相続時精算課税の適用を受けた贈与財産が一定の土地又は建物である場合において、それが災害により一定の被害を受けた場合には、相続税額の計算においてその土地又は建物の評価額を再計算できる。

３．適用

　1は、令和6年1月1日以後に贈与により取得する財産に係る相続税又は贈与税について適用。

２は、令和６年１月１日以後に生ずる災害により被害を受ける場合について適用。

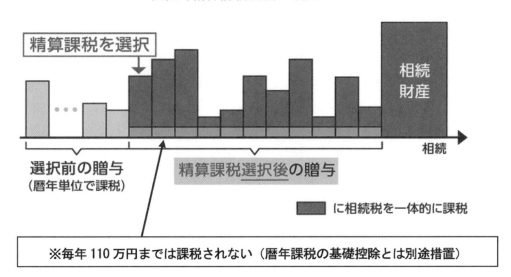

相続時精算課税制度の改正

●相続税の課税価格への加算対象期間等の見直し

【改正前の内容】

　暦年課税の贈与は、暦年ごとに贈与額に対し超過累進税率を適用し、基礎控除110万円が設けられている。ただし、相続又は遺贈により財産を取得した者が相続開始前３年以内にその相続に係る被相続人から贈与により財産を取得している場合には、その者については、その者の相続税の課税価格にその贈与により取得した財産の価額を加算した金額をその者の相続税の課税価格とみなし、その課税価格に基づいて算出された相続税額から、その加算に係る受贈財産について過去において納付した贈与税額を控除した金額が納付すべき相続税額とされていた（旧相法19）。

　なお、「相続又は遺贈により財産を取得した者」には、相続又は遺贈により財産を取得したものとみなされる者も含まれる。相続時精算課税適用者については、被相続人から相続又は遺贈により財産を取得しなかった場合でも、相続時精算課税の適用を受ける財産を相続又は遺贈により取得したものとみなされる（相法21の16①）ことから、この制度の適用があることになる。

　また、例えば相続を放棄した者又は相続権を失った者が被相続人を被保険者及び保険料の負担者とする生命保険契約に基づく生命保険金を取得した場合には、それらの者もこれに含まれることになる。

　よく「生前贈与は孫にしておけば大丈夫！」という話を聞くが、加算対象となるのは「相続又は遺贈により財産を取得した者」となっており、「法定相続人」ではない。孫であったとしても、遺言により財産を取得したり、被相続人を被保険者及び保険料の負担者とする生命保険契約に基づく生命保険金を取得すれば、遺贈により財産を取得した者に該当することになるので、注意が必要だ。

【改正の内容】

　相続又は遺贈により財産を取得した者が、当該相続の開始前７年以内（改正前：３年以内）に当該相続に係る被相続人から贈与により財産を取得したことがある場合には、当該贈与により取得した財産の価額（当該財産のうち当該相続の開始前３年以内に贈与により取得した財産以外の財産については、当該財産の価額の合計額から100万円を控除した残額）を相続

税の課税価格に加算する。

1．加算対象期間の延長

　相続開始前に暦年課税贈与があった場合の相続財産に加算する生前贈与の期間を3年から7年に延長。

2．相続財産に加算しない金額の創設

　延長した4年間（相続開始前3年超7年以内）に受けた贈与については、過去に受けた贈与の記録・管理の事務負担を軽減する観点から合計100万円まで相続財産に加算しない。

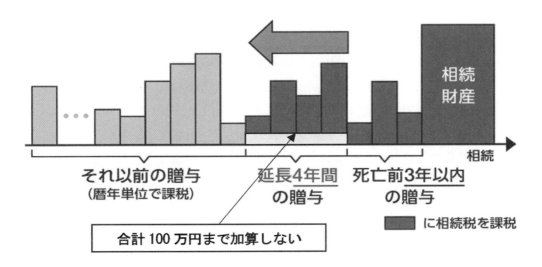

3．適用

　令和6年1月1日以後に贈与により取得する財産に係る相続税について適用。

　相続開始日が令和9年1月1日以後、加算期間は順次延長され、加算期間が7年となるのは令和13年1月1日以後となる。令和8年12月31日以前に相続開始の場合には加算期間は3年であり、改正の影響を受けない。

相続開始日	加算期間
令和8年12月31日まで	3年
令和9年1月1日〜 令和12年12月31日まで	3年超　7年未満 ※令和6年1月1日以後相続開始日までの贈与
令和13年1月1日から	7年

　贈与を受けた現金を受贈者が契約者（保険料負担者）となって契約する生命保険契約の保険料に充てるという「保険料贈与」のように、相続（税）対策の生命保険活用においては、生前贈与も多く活用されている。

　今回の改正を踏まえて、生前贈与の活用はどうしたらいいのだろうか、悩むところである。

●暦年贈与か相続時精算課税か

　相続時精算課税制度にも年間110万円の基礎控除が設けられ、基礎控除以下の部分は相続時に加算されることはなく、しかも暦年課税とは違い相続開始前7年（最長）以内の加算対象ともならないのであるから、当然、こちらを利用した方がいいように思える。

　しかし、相続時精算課税制度は、贈与者60歳以上・受贈者18歳以上という年齢要件があり、その関係性要件も満たす必要がある。18歳未満の孫への贈与であれば相続時精算課税を選択することはできないのだから、暦年課税しかない。

　また、相続時精算課税を選択して基礎控除110万円の範囲内で毎年贈与を行うというのであれば、贈与税の申告も不要である。改正前は基礎控除はなく、選択をするとそれ以後の贈与はすべて申告する必要があった。つまり、税務署に贈与を受けた記録が残されていたが、基礎控除の範囲内の贈与の場合はそれがないのであるから、贈与事実を証明するものが必要になるということだ。例えば、

> ① 贈与契約書を作成する
> ② 贈与者の預金口座から受贈者の預金口座に贈与分を振り込む
> ③ 預金通帳などは、受贈者自身が保管し、届け出印も贈与者のものとは別にして保管する

　暦年課税による贈与の加算期間が最長7年に延びるということは、それだけ早めの贈与を行っておく必要があるということになる。財産の移転を目的とするのであれば、贈与税を支払ってもそれなりの贈与をしておく方がいいということになる。いくらまで贈与するのがいいかについては、相続税の実効税率（相続財産価額に対する相続税額の割合）と贈

暦年課税と相続時精算課税の比較（令和6年1月1日施行分）

	暦年課税	相続時精算課税
贈与者	制限なし	親，祖父母
受贈者	制限なし	子，孫
贈与者の年齢	制限なし	贈与の年の1月1日現在で60歳以上
受贈者の年齢	制限なし	贈与の年の1月1日現在で18歳以上
控除額	年間110万円の基礎控除額	累計で2,500万円の特別控除額 ⇩ ＋　年間110万円の基礎控除額
控除額を超えた場合の贈与税額	超過累進税率（10～55%）	一律20%
贈与税の申告	110万円を超えたら申告	金額に関わらず，贈与税申告書を提出 ⇩ 年間110万円の基礎控除あり
相続時の財産に加算	相続開始前3年以内に贈与を受けた財産 ⇩ 相続開始前7年以内に贈与を受けた財産 ※延長された4年間の贈与については，総額100万円まで加算しない	制度適用後の贈与財産 ⇩ 年間110万円の基礎控除あり
贈与財産の加算額	贈与時の評価額（相続税評価額）	贈与時の評価額（相続税評価額） ⇩ 一定の土地又は建物で，災害により一定の被害を受けた場合には，相続税額の計算において評価額を再計算できる
相続税＜贈与税の場合	差額分は還付されない	差額分は還付される
贈与財産からの債務控除	不可	可
物納	可	不可
その他		一度選択すると暦年課税には戻れない

与税の実効税率（贈与財産価額に対する贈与税額の割合）を比較し、両者が一致したところで年間の贈与額を決めるという方法もある。これであれば、贈与税を支払っても損はないという考え方だ。

　亡くなる時期は誰にも分からないが、相続はまだ先だと思われる年代は暦年課税により財産の移転を進め、そろそろかなと思う年齢になったら相続時精算課税に切り替えて、その基礎控除を利用するという方法も考えられる。

　先にも書いたように、相続時精算課税に係る贈与税の基礎控除は、暦年課税に係る贈与税の基礎控除とは別枠となっているので、暦年課税に係る基礎控除と相続時精算課税に係る基礎控除とをそれぞれ適用することで、年間で最大220万円までの贈与について贈与税が課税されないことになる。

　いずれも基礎控除の110万円は、受贈者1人につき毎年認められるものであるから、同一の年に2人以上の贈与者から贈与を受けた場合であっても、その年の基礎控除は110万円が限度となる。

　この場合、各特定贈与者から贈与を受けた財産について適用される基礎控除の額は、110万円を贈与者ごとの贈与税の課税価格で按分して計算する。

●認知症対策も考えて

　なお、ここで言う贈与は、基本的には民法上の贈与である。民法では「贈与は、当事者の一方がある財産を無償で相手方に与える意思を表示し、相手方が受諾をすることによって、その効力を生ずる。」（民法549）としている。つまり「自分の持っているモノをあげるよ」と言い、相手が「では、もらいます」と言って成立する。重要なことは、贈与は一方的な意思だけで成立するものではなく、互いの了解があって初めて有効になるということだ。

　ところで、高齢社会の進行とともに認知症によるリスクが話題になっている。認知症になって意思能力が著しく低下してしまうと、契約行為ができないので贈与契約が成立しない。預金口座が凍結されていなければ、資金の移動はできるが、贈与にならない。贈与をしたつもりになっていても、相続が発生した後に贈与が成立していないとして名義預金として相続税の課税対象となることも起こりうる。

　どうしても贈与しておかなければならないというものでなければ、贈与をやめればいいのだが、例えば毎年現金を贈与してもらうことを前提に生命保険に入っていたような場合は、贈与が受けられなくなると困る。

　相続税法においては、その経済的効果が実質的に贈与を受けたものと同様な場合には、

相続税の実効税率

相続財産	妻と子供1人		妻と子供2人		子供1人		子供2人	
億円	万円	%	万円	%	万円	%	万円	%
1	385	3.9	315	3.2	1,220	12.2	770	7.7
2	1,670	8.4	1,350	6.8	4,860	24.3	3,340	16.7
3	3,460	11.5	2,860	9.5	9,180	30.6	6,920	23.1
4	5,460	13.7	4,610	11.5	14,000	35.0	10,920	27.3
5	7,605	15.2	6,555	13.1	19,000	38.0	15,210	30.4
6	9,855	16.4	8,680	14.5	24,000	40.0	19,710	32.9
7	12,250	17.5	10,870	15.5	29,320	41.9	24,500	35.0
8	14,750	18.4	13,120	16.4	34,820	43.5	29,500	36.9
9	17,250	19.2	15,435	17.2	40,320	44.8	34,500	38.3
10	19,750	19.8	17,810	17.8	45,820	45.8	39,500	39.5

（注）生命保険には未加入
　　　法定相続分どおり相続した場合の相続税額

基礎控除の適用は？

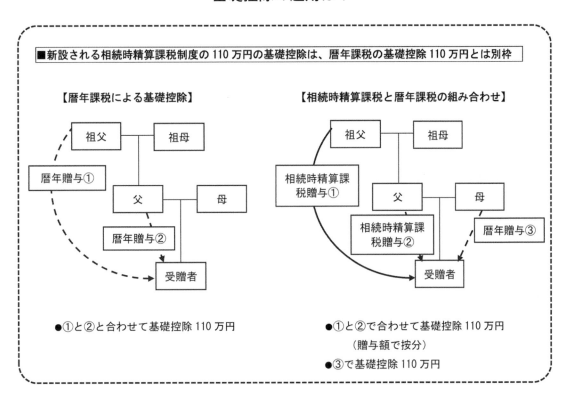

■新設される相続時精算課税制度の110万円の基礎控除は、暦年課税の基礎控除110万円とは別枠

【暦年課税による基礎控除】

祖父　祖母
暦年贈与①
父　母
暦年贈与②
受贈者

●①と②と合わせて基礎控除110万円

【相続時精算課税と暦年課税の組み合わせ】

祖父　祖母
相続時精算課税贈与①
父　母
相続時精算課税贈与②
暦年贈与③
受贈者

●①と②で合わせて基礎控除110万円
　（贈与額で按分）
●③で基礎控除110万円

税負担の公平を図るために、贈与により取得したものとみなして贈与税を課す「みなし贈与」の規定がある。そのひとつに、相続税法第5条（贈与により取得したものとみなす場合（生命保険金））に規定される、保険料負担者と保険金受取人が異なる生命保険金がある。

　贈与税が課税されると負担税額が多くなるため、普通はそうならないようにするが、あえてみなし贈与を受けることも考えてみてはどうだろうか。

　みなし贈与においては、当事者間において意思の合致がなくても、一方が経済的利益を受けている場合には贈与税が課税されるという特徴がある。言い換えれば、贈与者に当たる人が認知症になって意思能力は低下していても、みなし贈与として必要な資金が得られるということになる。

　例えば、保険料負担者を祖父（受贈者）とし、契約者を孫（受贈者）とする一時払終身保険で、契約者である孫が減額による払戻金を受け取れば、祖父からの贈与とみなされて贈与税が課税される。みなし贈与であるから贈与契約書も不要である。

　また、右に挙げたような、生前贈与を自動的に行うことができる生存給付金付終身保険なども販売されているので、生前贈与における認知症対策として準備しておくことも考えておきたい。

こんな方法も～毎年の現金贈与を自動化～

一時払生存給付金付終身保険（イメージ図）

■生存給付金付支払回数10回の場合
　・契約者と被保険者は同一人
　・生存給付金受取人は契約者の配偶者もしくは３親等内の親族

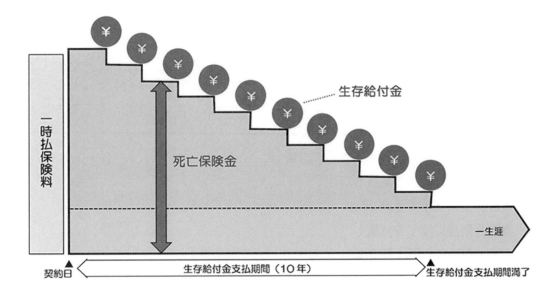

《ポイント》
1. 毎年、指定された生存給付金受取人に「生存給付金」を支払う。
　・生存給付金支払期間中に被保険者が生存している場合、指定された生存給付金受取人へ支払う。
2. 暦年贈与に関する一部書類について、お客様による作成が不要。
　・贈与取引の記録を残すための「贈与契約書」の作成が不要。
　・贈与を受ける人の預金口座に生命保険会社が振り込み、「支払通知」（贈与の記録）を発行。
　・生命保険の仕組みを活用することから定期贈与には該当しない。

相続法（民法〈相続関係〉）の改正法「民法及び家事事件手続法の一部を改正する法律」「法務局における遺言書の保管等に関する法律」が平成30年7月6日に成立し、7月13日に公布された。

改正に当たっては、平成26年1月から相続法制検討ワーキングチームによる検討・報告があり、その後、平成27年4月からは法制審議会―民法（相続関係）部会で審議、4年間に及ぶ議論を経て法案が提出され、ようやく成立した。昭和55年以来約40年ぶりの大改正であり、急速に進んだ高齢化により、従来の法律では対応できない問題が多く生まれ、このような社会経済情勢の変化に対応するため、

1．配偶者の居住権を保護するための方策
2．遺産分割等に関する見直し
3．遺言制度に関する見直し
4．遺留分制度に関する見直し
5．相続の効力等に関する見直し
6．相続人以外の者の貢献を考慮するための方策

など、多岐にわたる改正が盛り込まれた。

施行時期は改正項目により異なり、平成31年1月13日から令和2年7月10日までにわたっている。次ページに主な改正項目をまとめた。

相続と生命保険には密接な関係がある。すでに実行されている相続（税）対策も前提条件となっていた相続法が変われば見直しが必要となる。相続法の改正は、生命保険契約の見直し、新規提案の大きなチャンスといえる。

この改正により、配偶者居住権や特別の寄与などの措置が法定され、それによって報われる人たちがいるのは確かだが、相続争いを避けるという意味ではどうだろうか。

これらの権利を主張するというのは、相続人間での話し合いがまとまらず争っているからだろう。法定相続分や遺留分もそうだが、法律に認められている権利を主張することで争いが生じることも多い。

できるのであれば、そのような権利の主張をしなくても円満に解決できることが一番だ。そのために生命保険の果たす役割が重要になる。改正の概要を理解したうえで、生命保険の活用を提案していただきたい。

民法及び家事事件手続法の一部を改正する法律、法務局における遺言書の保管等に関する法律（平成30年7月6日成立、7月13日公布）の主な内容

	項　目	改正前（課題）	改正後	施行日
1.　配偶者の居住権を保護するための方策	①配偶者短期居住権の創設（改正民法1037〜1041）	配偶者が、相続開始時に被相続人の建物に居住していた場合には、原則として、被相続人と相続人との間で使用貸借契約が成立していたと推認されるが、第三者に居住建物が遺贈されてしまった場合や被相続人が反対の意思を表示した場合は、使用貸借が推認されず、居住が保護されない。	配偶者が相続開始の時に遺産に属する建物に居住していた場合には、遺産分割が終了するまでの間、無償でその居住建物を使用できる。	令和2年4月1日
	②配偶者居住権の新設（改正民法1028〜1036）	遺産分割の過程で被相続人の自宅が換金され、配偶者が引き続き自宅に居住できないことがある。配偶者が自宅を取得すると、その分ほかに取得できる財産が減る。	配偶者が自宅に居住し続けることができる法定権利の「配偶者居住権」を創設。配偶者が遺産分割等で配偶者居住権を取得し、子が負担付で自宅の所有権を取得すれば、配偶者は自宅で居住しつつ、自宅そのものを取得するよりも、他の財産をより多く取得できる。	
2.　遺産分割等に関する見直し	①配偶者保護のための方策（持戻し免除の意思表示推定規定）（改正民法903）	配偶者等に贈与等をしても、原則として遺産の先渡しを受けたものとされ、配偶者が最終的に相続する財産の価額は、結果的に贈与等がなかったものと同じになる。	婚姻期間が20年以上の夫婦が一方に居住用不動産を遺贈又は贈与した場合、原則として、遺産の先渡し（特別受益）を受けたものとしなくてよい。配偶者は、より多くの財産が取得できる。	令和元年7月1日
	②預貯金債権の仮払い制度の創設・要件の明確化（改正民法909の2）	相続された預貯金債権は遺産分割の対象に含まれ、共同相続人による単独での払戻しができない。遺産分割が終わるまでは、被相続人の預貯金の払戻しができない。	仮払いの必要性があると認められる場合は、家庭裁判所の判断で仮払いが認められる。預貯金債権の一定金額について、単独での払戻しを認める。	令和元年7月1日（施行日前に開始した相続について、施行日以後に預貯金債権が行使される場合にも新制度を適用）
	③遺産の分割前に遺産に属する財産を処分した場合の遺産の範囲（改正民法906の2）	特別受益のある相続人が遺産分割の前に遺産を処分した場合に、民事訴訟でも十分に救済されない不公平な結果が生じる。	相続開始後に共同相続人の一人が遺産に属する財産を処分した場合に、計算上生ずる不公平を是正する方策を設けた。	令和元年7月1日

3. 遺言制度に関する見直し	①自筆証書遺言の要件緩和（改正民法968）	自筆証書遺言は全文を自書（手書き）する必要があり、財産目録も全文を自書しなくてはいけない。	財産目録をパソコンで作成できる。財産目録には各頁に署名・押印が必要。	平成31年1月13日 ※施行日前にされた自筆証書遺言には改正前の制度を適用。
	②遺言執行者の権限の明確化（改正民法1007、1012〜1016）	遺言執行者の責務やいかなる権限が付与されているかが明確でないため、遺言の適切な執行が困難な場合がある。	遺言執行者の権限および責務、法的地位を明らかにし、相続人に対し通知すべき内容を明文化。	令和元年7月1日
	③自筆証書遺言の保管制度を新設（遺言書保管法）	自筆証書遺言は簡単に作成できる反面、紛失や相続人による隠匿・変造の恐れがある。また、相続人がその存在を把握できない場合がある。	遺言者の住所・本籍地または不動産の所在地の遺言書保管所（法務局）の遺言書保管官に対し遺言書の保管を申請することができる。	令和2年7月10日
4. 遺留分制度に関する見直し	遺留分に関する改正（改正民法1042〜1044、1046）	遺留分減殺請求の結果、遺贈や贈与の目的財産が遺留分権利者との共有になることが多く、解消のために新たな紛争を生じる。	遺留分の減殺請求に代わり、遺留分侵害額に相当する金銭の支払を請求できる。相続人に関する贈与は、相続開始前の10年間にしたものに限りその価額を算入する。	令和元年7月1日
5. 相続の効力等に関する見直し	共同相続における権利の承継の対抗要件（改正民法899の2）相続分の指定がある場合の債権者の権利の行使（改正民法902の2）など	相続させる旨の遺言等により承継された財産については、登記等の対抗要件なくして第三者に対抗することができるとされ、遺言の内容を知り得ない相続債権者等の利益を害する	法定相続分を超える権利の承継については、対抗要件を備えなければ第三者に対抗することができないようにする。	令和元年7月1日
6. 相続人以外の者の貢献を考慮するための方策	特別の寄与（改正民法1050）（改正家事事件手続法216の2〜216の5）	相続人以外の者（例えば長男の妻など）は、被相続人の介護に尽力しても、相続財産を取得できない。	相続人以外の被相続人の親族が、被相続人の療養看護等を行った場合には、一定の要件のもとで、相続人に対して金銭請求をすることができる制度（特別の寄与）を創設。制度創設に伴い、家庭裁判所における手続規定（管轄等）を設けた。	令和元年7月1日

6　改正の主なポイント

1．配偶者の居住権を保護するための方策

　配偶者の一方（被相続人）が死亡した場合でも、通常、他方の配偶者はそれまで居住してきた建物に引き続き居住することを希望する。特に、他方の配偶者が高齢者である場合には、住み慣れた居住建物を離れて新たな生活を立ち上げることは精神的にも肉体的にも大きな負担となると考えられるため、配偶者の居住権（配偶者に居住建物の使用を認めることを内容とする権利）を保護する必要性は高まっている。また、国民の平均寿命が延びたことにより、被相続人の死亡後、その配偶者が長期間にわたって生活を継続することも少なくない。

　このような現状を踏まえると、配偶者の生活保障を強化する観点から、配偶者が住み慣れた居住環境での生活を継続したいと希望する場合に、その意向に沿った遺産の分配を実現するための方策が必要との観点から、①遺産分割が終了するまでの間といった比較的短期間に限りこれを保護する方策である「配偶者短期居住権」、②配偶者がある程度長期間その居住建物を使用することができるようにするための方策である「配偶者居住権」が創設された。

(1)　配偶者短期居住権（第1037条～第1041条）

　配偶者は被相続人所有の建物に相続開始の時に無償で居住していた場合には、その居住建物の所有権を相続により取得した者に対して、居住建物を無償で使用する権利を有する。

　配偶者短期居住権の存続期間は、居住建物が遺産分割の対象となるか否かで異なり、遺産分割の対象となる場合は、遺産分割により居住用建物の所有者が確定した日または相続開始の時から6か月を経過する日のいずれか遅い日までの期間。それ以外の場合は、居住建物を相続又は遺贈により取得した者が配偶者短期居住権の消滅の申し入れをした日から6か月を経過する日までの期間となる。

　配偶者短期居住権は、譲渡することができず、他のすべての相続人の承諾を得なければ、第三者に使用させることはできない。また、居住建物の現状維持に必要な修繕費・補修費、固定資産税は、居住する配偶者が負担することになる。

⑵　配偶者居住権（第1037条〜第1041条）

　　配偶者の居住権を長期に保護するための方策であり、当事者の意思表示だけで成立する場合と家庭裁判所の審判によって成立する場合がある。

　　家庭裁判所の審判によらなくても、次のいずれかに掲げるときは、配偶者は被相続人の財産に属した建物に相続開始の時に居住していた場合、その居住建物の全部について無償で使用及び収益する権利（配偶者居住権）を取得する（被相続人が居住建物を配偶者以外の者と共有した場合はこの限りではない。）。

・遺産分割によって配偶者居住権を取得したとき

・配偶者居住権が遺贈の目的とされたとき

・被相続人と配偶者の間に、配偶者に配偶者居住権を取得させる旨の死因贈与契約があるとき

家庭裁判所の審判による場合の要件は、次のとおり。

・共同相続人間で配偶者が配偶者居住権を取得することについて合意が成立しているとき

・配偶者が家庭裁判所に対して配偶者居住権の取得を希望する旨を申し出た場合において、居住建物の所有者の受ける不利益の程度を考慮してもなお配偶者の生活を維持するために特に必要があると認めるとき

　　配偶者居住権の存続期間は「終身」。居住建物の所有者の承諾があったとしても、配偶者居住権は第三者に譲渡することはできない。

　　なお、配偶者が配偶者居住権を取得した場合には、その財産的価値に相当する価額を相続したものとされる。

設例	相続人は妻と子１人、遺産は自宅2,000万円、預貯金3,000万円 妻と子の相続分は、それぞれ2,500万円。
改正前	●自宅2,000万円、預貯金3,000万円 　配偶者が居住建物を取得する場合には、他の財産を受け取れない。 　　　妻：自宅2,000万円、預貯金500万円、子：預貯金2,500万円 　　　⇒妻は住む場所は確保できても、生活費が不足しないかと不安
改正後	●自宅2,000万円（配偶者居住権1,000万円、負担付所有権1,000万円）、預貯金3,000万円 　　　妻：配偶者居住権1,000万円、預貯金1,500万円、 　　　子：負担付所有権1,000万円、預貯金1,500万円 　　　⇒妻は住む場所があって、生活費もあるので、安心して生活できる

2．遺産分割に関する見直し

(1)　配偶者保護のための方策（持戻し免除の意思表示の推定規定）（第903条）

　　法制審議会では、配偶者の相続分の引き上げも議論されたが、今回の改正では相続分の引き上げは見送られた。その代わりに、婚姻期間が20年以上である夫婦の一方の配偶者が、他方に対し、その居住用建物又はその敷地（居住用不動産）を遺贈又は贈与した場合については、「持戻しの免除」の意思表示があったものと推定し、遺産分割においては、原則として当該居住用不動産の持戻し計算を不要とする（その居住用不動産の価額を特別受益として取り扱わずに計算することができる）。

　　改正前にも「持戻し免除」という規定はあったが、それは、そのような意思表示があったと積極的に認定できる場合に限られていた。改正法では上記の贈与等については、特に持戻しの意思がなかったと認められない限りは、その意思表示があったものとされる。

設例	相続人　　　配偶者と子2人（長男と長女） 遺　産　　　居住用不動産（持分2分の1）2,000万円（評価額） 　　　　　　　その他の財産6,000万円 配偶者に対する贈与　居住用不動産（持分2分の1）2,000万円
改正前	配偶者に対する生前贈与は遺産の先渡しを受けたものとして取り扱われる。 　配偶者の取り分を計算する時には、生前贈与分についても、相続財産とみなされるため、 　　（8,000万円＋2,000万円）×1／2－2,000万円＝3,000万円 となり、最終的な取得額は3,000万円＋2,000万円＝5,000万円となる。 　結局、贈与があった場合となかった場合とで、最終的な取得額に差がないことになる。 　⇒　被相続人が贈与等を行った趣旨が遺産分割の結果に反映されない。
改正後	遺産の先渡しを受けたものとして取り扱う必要なし。 　生前贈与分について相続財産とみなす必要がなくなる結果、配偶者の遺産分割における取得額は、 　　4,000万円＋2,000万円＝6,000万円 となり、贈与がなかったとした場合に行う遺産分割より多くの財産を最終的に取得できることになる。 　⇒　贈与等の趣旨に沿った遺産の分割が可能となる。

⑵　預貯金債権の仮払い制度等の創設・要件の明確化

　平成28年12月19日の最高裁決定はそれまでの判例実務を変更し、「預貯金債権は遺産分割の対象に含む財産である」との判断を示した。しかし、相続人にやむをえない資金需要が生じたときでも、遺産分割協議が完結するまでまったく払い出しができないとなると、相続人の生活に支障が出ることが想定されるため、仮払い制度が創設された。

> （平成28年12月19日・最高裁大法廷決定）
> 　①相続された預貯金債権は遺産分割の対象財産に含まれる
> 　②共同相続人による単独での払戻しができない

> 生活費や葬儀費用の支払い、相続債務の弁済などの資金需要がある場合にも、遺産分割が終了するまでの間は被相続人の預金の払戻しができない。

　家事事件手続法の保全処分の要件を緩和する方策（①）と、家庭裁判所の判断を経ないで預貯金の払戻しを認める方策（②）とに分かれる。

①　保全処分の要件を緩和

　預貯金債権の仮分割の仮処分については、家事事件手続法の要件（第200条第2項。事件の関係人の急迫の危険の防止の必要があること）を緩和することとし、「家庭裁判所は、遺産の分割の審判又は調停の申立てがあった場合において、相続財産に属する債務の弁済、相続人の生活費の支弁その他の事情により遺産に属する預貯金債権を行使する必要があると認めるときは、他の共同相続人の利益を害しない限り、申立てにより、遺産に属する特定の預貯金債権の全部又は一部を仮に取得させることができる。」とされた。

②　家庭裁判所の判断を経ないで、預貯金の払戻しを認める制度

　各共同相続人は、遺産に属する預貯金債権のうち、口座ごとに以下の計算式で求められる額（ただし、同一の金融機関に対する権利行使は、法務省令で定める150万円が限度）までについては、他の共同相続人の同意がなくても単独で払戻しをすることができる。

> 【計算式】単独で払戻しをすることができる額
> （相続開始時の預貯金債権の額）×1／3×（当該払戻しを求める共同相続人の法定相続分）

(3)　遺産の分割前に遺産に属する財産が処分された場合の遺産の範囲

　①　遺産の分割前に遺産に属する財産が処分された場合であっても、共同相続人全員の同意により、処分された財産を遺産分割の対象に含めることができる。

　②　共同相続人の一人又は数人が遺産の分割前に遺産に属する財産の処分をした場合には、その処分をした共同相続人については、①の同意を得ることを要しない。

3．遺言制度に関する見直し

　自筆証書遺言は、遺言者がその全文、日付及び氏名を自書し、これに印を押さなければならないとされていた。また、簡単に作成できる反面、作成後の紛失や、相続人による隠匿・変造の恐れがあった。さらに、その存在が把握されずに遺産分割が行われ、後に発見され、遺産分割協議がムダになるということもあった。

(1)　自筆証書遺言の方式緩和（第968条）

　全文の自書を要求していた自筆証書遺言の方式を緩和し、自筆証書遺言に添付する財産目録については自書でなくてもよい。ただし、財産目録の各頁に署名・押印が必要。

(2)　自筆証書遺言に係る遺言書の保管制度の創設

　自筆証書遺言に係る遺言書は自宅で保管されることが多いため、次のような問題点がある。

- 遺言書が紛失・亡失するおそれがある
- 相続人により遺言書の廃棄、隠匿、改ざんが行われるおそれがある
- これらの問題により相続をめぐる紛争が生じるおそれがある

　そこで、法務局で遺言書を保管する制度が創設された。これにより、次のような利点がある。

- 全国一律のサービスが提供できる
- プライバシーが確保できる
- 相続登記の促進につなげることが可能

　遺言書の紛失や隠匿等の防止、遺言書の存在の把握が容易になるという効果があり、遺言者の最終意思の実現、相続手続きの円滑化に効果がある。

　遺言者は、法務局に自筆証書遺言書（無封のものに限る）の保管を申請することができ

る（注1、注2）。また、遺言者は遺言書を保管している法務局に対し、遺言書の返還又は閲覧を請求することができる。この申請及び請求は、遺言者が自ら法務局に出頭して行わなければならない。

（注1）　遺言書の保管の申請がされた際には、法務局の事務官が、当該遺言の民法968条の定める方式への適合性を外形的に確認し、また、遺言書は画像情報化して保存され、すべての法務大臣の指定する法務局からアクセスできる。

（注2）　遺言書の保管の申請については、法務大臣の指定する法務局のうち、遺言者の住所地若しくは本籍地又は遺言者が所有する不動産の所在地を管轄する法務局に対してすることができる。

　遺言者の相続開始後には、法務局に対し、次に掲げる遺言書について、その遺言書を保管している法務局の名称等（保管されていないときは、その旨）を証明する書面の交付を請求することができる。

　①　自己を相続人とする被相続人の遺言書
　②　自己を受遺者又は遺言執行者とする遺言書

　また、上記①及び②の遺言書を保管している法務局に対し、その遺言書の閲覧を請求できる。

　法務局は、上記の閲覧又は書面の交付したときは、相続人等（請求をした者を除く）に対し、遺言書を保管している旨を通知しなければならない。

　なお、保管された自筆証書遺言については、検認は不要となる。

●**遺言書の保管期間**（令和元年12月11日公布、法務局における遺言書の保管等に関する政令）

　遺言書及び遺言書に係る情報は、相続に関する紛争を防止する必要があると認められる期間として政令で定める期間の経過後に廃棄等することができることとされ、以下のとおり規定。

　・遺言書　　　　　　：遺言者の死亡の日（※）から50年
　・遺言書に係る情報：遺言者の死亡の日（※）から150年
　　※遺言者の生死が明らかでない場合は、遺言者の出生の日から起算して120年を経過した日。

●自筆証書遺言書保管制度の手数料一覧

申請・請求の種別	申請・請求者	手数料
遺言書の保管の申請	遺言者	一件につき、3,900円
遺言書の閲覧の請求（モニター）	遺言者 関係相続人等	一回につき、1,400円
遺言書の閲覧の請求（原本）	遺言者 関係相続人等	一回につき、1,700円
遺言書情報証明書の交付請求	関係相続人等	一通につき、1,400円
遺言書保管事実証明書の交付請求	関係相続人等	一通につき、800円
申請書等・撤回書等の閲覧の請求	遺言者 関係相続人等	一の申請に関する申請書等または一の撤回に関する撤回書等につき、1,700円

※遺言書の保管の申請の撤回および変更の届出については手数料はかからない。

(3)　遺言執行者の権限の明確化等

①　遺言執行者の一般的な権限として、遺言執行者がその権限内において遺言執行者であることを示してした行為は相続人に対し直接にその効力を生ずることを明文化。

②　特定遺贈又は特定財産承継遺言（いわゆる相続させる旨の遺言のうち、遺産分割方法の指定として特定の財産の承継が定められたもの）がされた場合における遺言執行者の権限等を明確化。

4. 遺留分制度に関する見直し

遺留分に関しては、大きな改正が加えられている。

① 遺留分を侵害された場合に遺留分権利者が行使できる権利の内容の変更

② 遺留分算定の際に加算される贈与の時期的範囲の縮減

③ 負担付贈与、遺留分侵害額の計算方法、遺産分割すべき財産がある場合の取扱い等の明記

(1) 遺留分減殺請求権の効力及び法的性質の見直し

遺留分減殺請求権から生ずる権利を金銭債権化し、金銭を直ちには準備できない受遺者又は受贈者の利益を図るため、受遺者等の請求により、裁判所が、金銭債務の全部又は一部の支払につき相当の期限を許与することができるようにする。

① 遺留分減殺請求権の行使によって当然に物権的効果が生ずるとされていた規律を見直し、遺留分に関する権利の行使によって遺留分侵害額に相当する金銭債権が生ずる。

② 遺留分権利者から金銭請求を受けた受遺者又は受贈者が、金銭を直ちには準備できない場合には、受遺者等は、裁判所に対し、金銭債務の全部又は一部の支払につき期限の許与を求めることができる。

【改正前】
①遺留分減殺請求権の行使によって共有状態が生ずる。
 ⇒ **事業承継の支障となっている**
②遺留分減殺請求権の行使によって生じる共有割合は、目的財産の評価額等を基準に決まるため、通常は、分母・分子とも極めて大きな数字となる。
 ⇒ **持分権の処分に支障が出るおそれがある**

---

(2) 遺留分の算定方法の見直し（第1044条）

相続人以外の者に対する贈与は、相続開始前の1年間にされたものに限り、また、相続人に対する贈与については、相続開始前の10年間にされたものに限り、原則として算入することとなった。

なお、遺留分に関しては、条文の新設・削除、条文番号や見出し（条文の内容を一言で簡潔に表しているもの）の変更など、多くの改正が行われているので、注意が必要だ。

5．相続人以外の者の貢献を考慮するための方策（特別の寄与）

　相続人以外の被相続人の親族が、無償で被相続人の療養看護等を行った場合には、一定の要件の下で、相続人に対して金銭請求をすることができる制度「特別の寄与」を創設。

　遺産分割の際に相続人の貢献を考慮するための調整手段として、寄与分制度（第904条の2）があるが、この寄与分制度では、「被相続人の財産の維持又は増加について特別の寄与をした」ことが寄与分の要件とされており、「特別の寄与」とは、一般に、被相続人との身分関係に基づいて通常期待される程度を超える貢献があったことを意味すると解されている。

　しかしながら、被相続人に対する療養看護については、例えば、被相続人に複数の子がいる場合のように、被相続人に対する扶助義務ないし扶養義務を負う者が複数いて、療養看護についても同等の役割を果たすことが求められているにもかかわらず、実際には、親族間の感情的問題や生活環境等の諸事情から、そのうちの一部の相続人のみがもっぱら療養看護を行うなど、貢献の程度に顕著な偏りがある場合も多いと言われている。しかるに、少なくとも文言上は、貢献の程度について、他の相続人との相対的な比較を行うことは予定されていない。

　また、扶助義務ないし扶養義務を負っている者が行った貢献については、被相続人が現に要扶養状態にあるかどうかにかかわらず、これらの義務とは無関係にされた貢献の場合と比べ、「通常期待される程度を超える貢献」があったと判断することに困難な面があると考えられる。現に実務上も、療養看護型の貢献について寄与分が認められにくいとの指摘もあった。

　そこで、改正により被相続人の親族が療養看護等に貢献していた場合には、相続開始後、相続人に対して「特別寄与料」の支払を請求できるようになった。これにより、介護等の貢献に報いることができ、実質的公平が図られる。特別寄与料の額については、当事者間の協議が原則となるが、協議が調わないときは家庭裁判所に協議に代わる処分を求めることになる。

　「第10章　特別の寄与」が設けられ、第1050条（特別の寄与）において次のように規定された。

民法第1050条 （特別の寄与）

　被相続人に対して無償で療養看護その他の労務の提供をしたことにより被相続人の財産の維持又は増加について特別の寄与をした被相続人の親族（相続人、相続の放棄をした者、相続人の欠格事由に該当する者及び廃除された者を除く。以下「特別寄与者」という）は、相続の開始後、相続人に対し、特別寄与者の寄与に応じた額の金銭（以下「特別寄与料」という）の支払を請求することができる。

　2　前項の規定による特別寄与料の支払について、当事者間に協議が調わないとき、又は協議をすることができないときは、特別寄与者は、家庭裁判所に対して協議に代わる処分を請求することができる。ただし、特別寄与者が相続の開始及び相続人を知った時から6か月を経過したとき、又は相続開始の時から1年を経過したときは、この限りではない。

　3　前項本文の場合には、家庭裁判所は、寄与の時期、方法及び程度、相続財産の額その他一切の事情を考慮して、特別寄与料の額を定める。

　4　特別寄与料の額は、被相続人が相続開始の時において有した財産の価額から遺贈の価額を控除した残額を超えることができない。

　5　相続人が数人ある場合には、各相続人は、特別寄与料の額に第900条から第902条までの規定により当該相続人の相続分を乗じた額を負担する。

　特別寄与者が支払を受けるべき特別寄与料の額が確定した場合には、当該特別寄与者が、当該特別寄与料の額に相当する金額を被相続人から遺贈により取得したものとみなして、相続税が課税される。

　上記の事由が生じたため新たに相続税の申告義務が生じた者は、当該事由が生じたことを知った日から10か月以内に相続税の申告書を提出しなければならない。

　相続人が支払うべき特別寄与料の額は、当該相続人に係る相続税の課税価格から控除される。

相続と生命保険

第2章

① はじめに

● **相続（税）対策の柱は時代とともに変化**

　相続（税）対策は、大きく次の 3 つに分けることができる。

　　① 納税資金対策　② 争族対策　③ 税軽減対策

　地価の急激な上昇によって、ほんのわずかな土地が大きな資産価値を持つようになり、何もかもが右肩上がりに上昇していくと思われたバブルの時代には、いかに相続税を安くするかという「税軽減対策」がメーンであった。各種の税軽減対策が華やかに喧伝され、ごく普通のサラリーマン層をも巻き込んで、様々な対策が提案された。

　しかし、バブルの崩壊により、土地や株は値下がりして資産価値が下がり、借入金を活用した税軽減対策は、最悪の場合破産を引き起こす事態まで生じてしまった。「究極の」と銘打たれた対策群は、それ以前に税務当局の相次ぐ法・通達改正によって骨抜きにされ、目的とした効果を失っていた。

　その後、長く続いた低成長経済のもと、相続（税）対策をめぐる考え方も変化し、急ごしらえの対策ではなく、もっと長いスパンでの対策の必要性がいわれるようになった。相続（税）対策の柱は「納税資金対策」「争族対策」に移行し、生命保険の果たす役割が改めて注目されてきた。

　このように、相続（税）対策の柱はその時々の時代背景、経済情勢によって変化する。

　ところで、地価急騰期に講じられた土地譲渡益に対する課税強化策は徐々に緩和され、平成10年度の税制改正では地価税も凍結されるなど、土地・住宅税制はバブル前の水準に戻ったといわれるが、これにより土地の流動化が一気に進み、急激な地価上昇が起きることはなかった。その後、平成15年度の税制改正では高齢世代から現役世代への資産移転を促すことなどを狙いとして、相続・贈与税の課税を一体的に精算する相続時精算課税制度が導入された。平成22年度税制改正では、相続人等の事業や居住の継続への配慮という制度趣旨等を踏まえ、小規模宅地等の課税価格の特例の見直しが行なわれ、年金受給権の評価方法（相法24）も60年ぶりの大改正が実施された。平成25年度税制改正では、相続税の基礎控除の引き下げ、相続税・贈与税の税率構造の見直しなどが行なわれ、相続（税）対策のあり方が大きく変わった。

　そして、平成31年からは40年ぶりとなる相続法の改正も順次施行されている。

　生命保険を活用した相続（税）対策について考えてみる。

2　なぜ「生命保険は相続に強い」のか？

「生命保険は相続に強い！」「相続対策に生命保険は欠かせない」と言われるが、なぜ、生命保険の利用が相続（税）対策上、有利なのだろうか？

それは、生命保険の持つ次のような特性が相続（税）対策に有効に働くからだ。

特性①　相続発生時に、現金が手にできる

いつ、相続が生じても、必要とする相続対策（相続税納付・円満な財産分け）資金が即座に現金で支払われる。

特性②　分割が自由にできる

受取人と受取金額を指定することで、相続のバランスをとることができ、財産の細分化が防止できる。また、法定相続人以外の人にも、確実に財産の配分ができる。

特性③　不確実なことに確実に備えることができる

「預金は三角、保険は四角」と言われるように、預金で準備しようとすれば、何年もかけなれば必要な保障には達しないが、生命保険であれば、加入した時から、満額の保障が得られる。いつ起きるか分からない相続に、確実に備えられ、加入したその日から安心が手に入る。

特性④　税法上の優遇措置がある

保険金の非課税限度「500万円×法定相続人の数」がある。預金や有価証券などには、この特典はない。

特性⑤　生命保険金は「受取人固有の財産」である

受取人が指定されている生命保険金は、受取人固有の財産となり、相続を放棄しても受け取ることができる。

（P.158参照）

3 アラブの遺言（生命保険の果たす代表的機能）

　まず、相続において生命保険の果たす代表的な機能を説明するのによく使われるお話を
ひとつ紹介しよう。生命保険業界ではよく知られたお話だが、実は古くから数多くの数学
の書物に掲載された難問で「アラブの遺言」として有名なものだ。

●17頭のラクダを分ける

　あるアラブの商人が亡くなり、3人の息子たちに父の遺言がのこされた。その内容は唯
一の財産である17頭のラクダの処分であった。

　「長男に2分の1、次男に3分の1、三男に9分の1、それぞれ分配せよ。ただし、ラ
クダは砂漠では命の次に大切なもの、殺してはいけない」

　他に財産はない。遺言どおりに実行しようとすれば、ラクダを殺して皮や肉を分配しな
ければならない。3人の兄弟は困り果ててしまった。そこで村の長老に3人で相談にでか
けた。しばらく考え込んでいた長老は「となりからラクダを1頭借りてきなさい」といっ
た。借りてきたラクダは父が遺したラクダと一緒にされた。全部で18頭ということになる。
これをまず2分し、9頭を長男が受け取る。次に18頭の3分の1である6頭を次男が、9
分の1である2頭を三男が受け取る。これで父の遺産である17頭のラクダがすべて3人の
兄弟に分配され、しかも借りてきた1頭が残っているから、これをとなりに返す。この借
りてきたラクダの役割が生命保険の機能を表している。

　本論からそれるが、この「アラブの遺言」のタネあかしをすると、「長男に2分の1、
次男に3分の1、三男に9分の1」という分配割合に秘密がある。これらを合計しても、
実は18分の17にしかならない（仮に17頭のラクダを切り刻んで分けたとしても、少し余る）。だか
ら、1頭借りてきて18頭を分けると1頭余ったわけだ。寄り道ついでに付け加えておくと、
このお話は「7頭のラクダを2分の1、4分の1、8分の1の割合で分ける」ケースでも
同様のことになる。

●納税資金を生命保険で確保する

　生命保険のもつ重要な役割は、残された家族の生活資金であるのはいうまでもないこと

だが、相続（税）対策の中では、第一に相続財産を守るための資金である。となりから借りてきたラクダは、契約に基づいて生命保険会社から支払われる生命保険金に他ならない。これを相続税支払いに充てることで、財産は無キズで遺族の手元に残される。

　相続と生命保険を考えるとき、これは基本のスタイルである。契約形態は次のようになる。

> ・契約者（保険料負担者）＝夫
> ・被保険者＝夫
> ・死亡保険金受取人＝妻（子）

●お客さまから叱られた

　「先日、私のお客さんが亡くなって保険金が支払われたんだけど、その奥様からひどく叱られてね」

　旧知の生保セールスレディのTさんがある時こんな話をしてくれた。

　「どうしてかっていうと、ご主人が保険ぎらいでどうしても保険の話を聞いてもらえないから、奥様にお願いして入ってもらったんだけど、その保険は

> ・契約者（保険料負担者）＝妻
> ・被保険者＝夫
> ・死亡保険金受取人＝妻

という契約形態だった。これだと奥様の一時所得になるでしょ。それはそれで構わないんだけど、問題は亡くなったご主人を被保険者とする契約がこれしかなかったのよ」

　何が問題なのか、奥さんはなぜ怒ったのか——先に掲げた基本スタイルの契約形態で受け取る死亡保険金は、みなし相続財産として相続税の課税対象になる。しかし、全額が課税対象になるのではなく、非課税財産の制度がある。つまり「500万円×法定相続人の数」までの部分は相続税がかからないのだ。せっかくの制度をまったく使えなかったことに怒ったのだった。

　これから述べていくように、生命保険を使った相続（税）対策はいろいろあるが、注意してほしいのは、その前にこの基本スタイルの契約があるということ。テクニックを使った契約はその次に考えるべきものだ。

④ 保険金の非課税金額

● 法定相続人１人あたり500万円の控除

「保険金の非課税金額」は、相続税法第12条「相続税の非課税財産」にその規定がある。先にお話しした相続と生命保険の基本型、

> ・契約者＝夫
>
> ・被保険者＝夫
>
> ・死亡保険金受取人＝妻（相続人）

という契約形態で、夫が亡くなって受け取る死亡保険金は、みなし相続財産として相続税の課税対象になるが、その全額に対して課税されるのではない。死亡保険金には、残された遺族の生活保障という目的があるから、「500万円×法定相続人の数」の額を限度として死亡保険金から控除できる。

この非課税金額は、昭和63年12月の相続税法改正により限度額が２倍に引き上げられるとともに、計算方法が大幅に簡略化された。その流れは図のようになるが、ここで留意すべき点がある。

保険金の非課税金額の計算手順

```
┌──────────────────────────────────┐
│ 相続人全員が取得した死亡保険金の合計額を算出 │
│ する（A）                          │
└──────────────────────────────────┘
                    ↓
┌──────────────────────────────────┐
│ 死亡保険金の非課税限度額を計算する（B）   │
│ 500万円×法定相続人の数                │
└──────────────────────────────────┘
        ↙                      ↘
┌──────────────┐      ┌──────────────┐
│ （A）≦（B）   │      │ （A）＞（B）   │
└──────────────┘      └──────────────┘
        ↓
┌──────────────────────────┐
│ 相続人の取得した死亡保険金には相 │
│ 続税はかからない            │
└──────────────────────────┘
```

① 非課税の適用は、相続人の受け取る死亡保険金に限る

相続の放棄をした人は相続人にはなれないので適用されない。またよくあるケースだが、妻と子のある人が亡くなりその人の母親が受け取る生命保険金についても、適用はない。

$$死亡保険金の \atop 非課税限度額 \times \frac{その相続人の取得した死亡保険金の合計額}{相続人全員が取得した死亡保険金の合計額}$$

② 非課税限度額は受取人の数にかかわらず適用される

例えば、妻が5,000万円の保険金を受け取った場合で子供が２人いれば、500万円×３人＝1,500万円が非課税となる。

③　**保険契約が何件あっても、受取合計金額に対して適用される**

　　受け取った生命保険金の１件１件にそれぞれ適用されるわけではないので、念のため。また、損害保険契約により支払われる死亡保険金も含まれる。

④　**算式中の法定相続人の数は、相続放棄があった場合もその放棄がなかったものとした場合の相続人の数をいう**

　ところで、いわゆる規制対象養子は非課税限度額の総額の計算上は相続人数に含まれないが、保険金を取得した相続人ごとの非課税枠を適用する場合については、あくまでも民法上の相続人をいい、養子が何人いても保険金を取得した相続人すべてに適用がある。

　　　　(注)　相続税の総額の計算上、法定相続人の数に含まれる養子は、実子がいる場合１人、実子がいない場合２人までである。

　　　　　　　ただし、税の負担を不当に減少させる目的の養子と認められるときは、法定相続人の数に含めない。

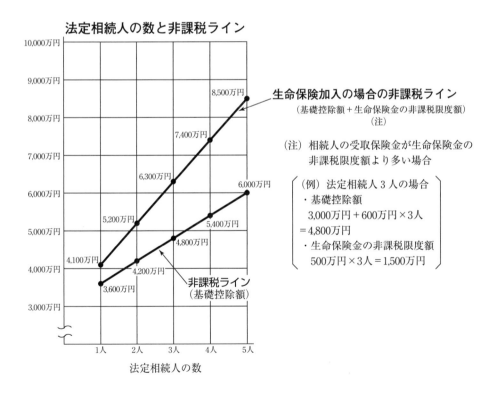

法定相続人の数と非課税ライン

生命保険加入の場合の非課税ライン
（基礎控除額＋生命保険金の非課税限度額）（注）

(注)　相続人の受取保険金が生命保険金の非課税限度額より多い場合

（例）法定相続人３人の場合
・基礎控除額
3,000万円＋600万円×3人
＝4,800万円
・生命保険金の非課税限度額
500万円×3人＝1,500万円

非課税ライン（基礎控除額）

設例によって、生命保険金の非課税金額の計算をしてみよう。

〈設　例〉

①　法定相続人は、A、B、C、Dの4人とし、Dは相続の放棄をした。

②　保険金は次のように取得し、その保険料はすべて被相続人が負担していた
ものとする。

　　　A　3,000万円、B　1,000万円、C　2,000万円、D　1,500万円

〈計　算〉

①　保険金の非課税限度額

　500万円×4人＝2,000万円

②　各相続人の取得した保険金の合計額

　3,000万円＋1,000万円＋2,000万円＝6,000万円

②の金額の方が①の金額より多くなるので、次の計算により算出する。

③　各相続人の生命保険金の非課税金額

A　$2,000万円 \times \dfrac{3,000万円}{6,000万円} = 1,000万円$

B　$2,000万円 \times \dfrac{1,000万円}{6,000万円} = 3,333,333円$

C　$2,000万円 \times \dfrac{2,000万円}{6,000万円} = 6,666,667円$

④　各人の課税価格に算入する金額

	$\binom{\text{取得した}}{\text{保険金額}}$	$\binom{\text{生命保険金}}{\text{の非課税金額}}$	$\binom{\text{課税価格に算}}{\text{入される金額}}$
A	3,000万円 −	1,000万円 =	2,000万円
B	1,000万円 −	3,333,333円 =	6,666,667円
C	2,000万円 −	6,666,667円 =	13,333,333円
D	1,500万円 −	0円 =	1,500万円

（注）Dは相続の放棄をしているので、生命保険金の非課税金額はない。
　　　受取生命保険金は「みなし遺贈」として取り扱われる（相基通12−8）。

5　相続税は見えざる借金だ

● 「相続財産が４倍＝相続税額が４倍」ではない！

　人が亡くなり、その人に一定額を超える財産があれば、残された家族に相続税が課税される。しかし、以前ならばその対象となる人は限られており、ほとんどは父や母が亡くなっても相続税の心配など無用のものだった。

　ところが、バブル期には地価が急激に上昇した結果、相続税は一部資産家だけの問題ではなくなってしまった。大都市圏に土地を持つ人は、ごく普通のサラリーマン層であっても、自分の給料だけでは到底払いきれないような相続税の心配をしなければならなくなった。土地が大部分を占める財産は、路線価が20％上がれば評価額も20％上がる。もし、２倍になれば相続財産も２倍になる。ここで注意すべき点は、「相続財産が４倍＝相続税額が４倍」ではない！　ということだ。

　下の表を見てもらうとわかるように、遺族が妻と子供２人の場合で、相続財産が２億円のときの相続税額は1,350万円だが、相続財産が４倍の８億円になると相続税額は約10倍の１億3,120万円に膨れ上がる。加えて、税負担率（相続財産に対する相続税額の割合）は6.8％から16.4％と増大する。

　「**相続税は見えざる借金だ**」という話は、こんなところから生まれている。

相続税額と税負担率

相続財産	妻と子供１人		妻と子供２人		子供１人		子供２人	
億円	万円	％	万円	％	万円	％	万円	％
1	385	3.9	315	3.2	1,220	12.2	770	7.7
2	1,670	8.4	1,350	6.8	4,860	24.3	3,340	16.7
3	3,460	11.5	2,860	9.5	9,180	30.6	6,920	23.1
4	5,460	13.7	4,610	11.5	14,000	35.0	10,920	27.3
5	7,605	15.2	6,555	13.1	19,000	38.0	15,210	30.4
6	9,855	16.4	8,680	14.5	24,000	40.0	19,710	32.9
7	12,250	17.5	10,870	15.5	29,320	41.9	24,500	35.0
8	14,750	18.4	13,120	16.4	34,820	43.5	29,500	36.9
9	17,250	19.2	15,435	17.2	40,320	44.8	34,500	38.3
10	19,750	19.8	17,810	17.8	45,820	45.8	39,500	39.5

（**注**）生命保険には未加入

　　　法定相続分どおり相続した場合の相続税額

6 相続財産完全防衛額

●財産を無キズで相続するための納税資金

　これまでの話の中で、相続対策について生命保険の果たす基本的機能は、財産を処分せずに無キズで相続するための「納税資金対策」だと述べてきた。かりに、妻と子供２人を持つご家庭で相続財産が４億円あったとする。夫が亡くなって妻と子供が法定相続分どおりに相続すると、相続税は4,610万円となる。

　「相続が発生すると、10か月以内に、原則として現金で相続税を納めなければなりません。しかし、どうでしょう？　今ただちに現金で4,610万円を用意することができますか。むずかしいでしょうね。財産のほとんどが土地や家などの不動産である場合が多いからです。そこで、この相続税相当分を生命保険で準備しましょう」と、お客さまに生命保険をお勧めする。

　「でも、その生命保険金を受け取ったら、それにも相続税がかかるんでしょう。その相続税はどうするの？」とお客さまから聞き返されて、「？？？？？」と返答につまって、「それじゃあ、その分を考慮して保険金額を5,000万円にしておきましょう」と言ってしまうのでは、いささか焦点のボケた勧め方である。迫力にも欠ける。

　それで試算されたのが「**相続財産完全防衛額**」だ。これにより、先の設例について必要な生命保険金額を試算すると、5,270万円という結果が出てくる。相続財産４億5,270万円を妻と子供２人で相続したときの相続税額は5,270万円だから、本来の相続財産４億円は無キズで相続できることになる。

相続財産	妻と子供１人	妻と子供２人	妻と子供３人
億円	万円	万円	万円
1	385	315	263
2	1,789	1,350	1,218
3	4,075	3,149	2,636
4	6,620	5,270	4,613
5	9,523	7,919	6,877
6	12,667	10,688	9,271
7	16,000	13,591	12,175
8	19,334	16,661	15,078
9	22,667	19,776	17,981
10	26,028	22,891	20,884

● **子供だけで相続する二次相続**

　財産を無キズで相続するために、納税資金に見合う生命保険に契約する、そのための必要保険金額を「相続財産完全防衛額」と称する。

　ところで、相続人が妻と子供の場合のみでなく、子供だけで相続するいわゆる「二次相続」のケースでは、この完全防衛額の考え方はできないのだろうか？　いや、そうではない。その表は下記のとおりである。

相続財産	子供1人	子供2人	子供3人
億円	万円	万円	万円
1	1,529	770	630
2	8,100	4,343	2,872
3	17,500	10,867	7,300
4	27,878	18,655	13,967
5	40,100	28,000	21,028
6	52,323	38,000	29,209
7	64,545	48,000	38,500
8	76,767	59,423	48,500
9	88,989	71,645	58,500
10	101,212	83,867	68,500

　理論的にはこのように完全防衛額を計算することはできる。しかし、よく見ていただきたいのだが、遺産額が大きくなると、遺産額を上回る保険金額が必要になってくる。例えば、相続人が子供1人のケースで10億円の遺産を無キズで相続するために必要な保険金額は10億円にもなってしまう。契約上そんなに高額の保険には入れないという以前に、これでは何のために生命保険に入るのかという話になってしまう。

　10億円の遺産を相続したときに、かかる相続税額は4.5億円である。この相続税を支払うために生命保険に入ろうとすると、受け取る生命保険金に対する税金が大きくなりすぎて、非現実的な保険金額10億円という計算結果になってしまったわけだ。

　では、どうすればいいのか？　まず、相続財産の評価を下げる方法を考える。これは生命保険だけの問題ではなく、他の方法を使う必要が出てくる。そして、生命保険の方は、保険金が相続税の対象になるから上記のように新たな相続税が発生してしまう。だから、相続税の対象にならない契約の方法はないのだろうかと考えてみる必要がある。

● 配偶者の税額軽減は課税の繰り延べ

　子供だけで相続する、いわゆる「二次相続」においては、基本型の生命保険契約を用いて生命保険金だけで相続税納税資金を準備しようとすると、受け取る生命保険金に対する相続税が多額になり、大型相続では非現実的な保険金額になってしまうという話をした。

　そこで、生命保険金が相続税の課税対象にならない契約の方法について考えてみたいのだが、その前になぜ二次相続の相続税額は多額になるのだろうか。

　一般に、夫が亡くなって妻と子供がその財産を相続する場合（夫と妻が逆でも同様だが、そのケースは少ないだろう）には、相続税法は「**配偶者の税額軽減**」という恩典を用意している。これは、被相続人の配偶者が相続または遺贈により財産を取得した場合には、法定相続分か1億6,000万円かどちらか多い額まで相続税は課税されないというもの。

①、②のうちいずれか少ない金額

① 　1億6,000万円または

$$\text{課税価格の合計額} \times \text{配偶者の法定相続分}$$

　　　　　　　　　　　　　　　　　　　　　　　　いずれか多い金額

$$\text{相続税の総額} \times \frac{\text{② 配偶者の課税価格}}{\text{課税価格の合計額}}$$

　つまり、相続財産が何億円あっても妻が相続する割合が法定相続分までならば、それに対する相続税は一切かからない。大変有利な制度だ。相続税額は意外に少なくてすむのだから、よかったよかったとなる（不謹慎だといわれるかもしれないが、それほど相続税は遺族に重くのしかかってくる）。

● 二次相続の税負担が大きくなる

　ところが、喜んでばかりはいられない。年齢順であるならば、夫が亡くなった後で次は残された妻が亡くなる。その時には、この配偶者の税額軽減はもうない。この制度の税額軽減効果が大きければ大きい分だけ、この二次相続にその反動として返ってくる。1度目

の相続により二次相続の対象となる財産は減っているのだが、相続税額はほとんど減らない。残された子供たちはその重みをまともに受け止めなければならない。

2回の相続（夫→妻・子、妻→子）でかかる相続税

（単位：万円）

家族構成／遺産額	妻と子1人(A)	子1人(B)	(A)＋(B)	妻と子2人(A)	子2人(B)	(A)＋(B)
3億円	3,460	2,860	6,320	2,860	1,840	4,700
4	5,460	4,860	10,320	4,610	3,340	7,950
5	7,605	6,930	14,535	6,555	4,920	11,475
6	9,855	9,180	19,035	8,680	6,920	15,600
7	12,250	11,500	23,750	10,870	8,920	19,790
8	14,750	14,000	28,750	13,120	10,920	24,040
9	17,250	16,500	33,750	15,435	12,960	28,395
10	19,750	19,000	38,750	17,810	15,210	33,020

（注）　1．法定相続分どおり相続した場合の相続税額を示す。

　　　　2．税額控除は配偶者の税額軽減のみ適用している。

　　　　3．遺産額中には生命保険金は含んでいない。

　　　　4．子のみの相続では，当初遺産額の2分の1を相続するものとして計算している。

1,225億円を相続しても税金はゼロ（松下幸之助氏の相続）

　1989年4月に94歳で亡くなった松下電器産業の創業者・松下幸之助氏の遺産総額は、なんと2,449億円にのぼった。これはそれまでの過去最高だった上原正吉・大正製薬名誉会長の669億円をはるかに上回る史上最高となり、今後も破られることのないであろうケタはずれの大相続となった。

　遺産の97.5％にあたる約2,388億円が松下グループなど関連企業の株式で、残りは兵庫県西宮市の自宅の不動産、預金のほか、茶道の道具や絵画などの美術品で、中には国宝級のものもあった。

　相続したのは、妻のむめのさんのほか長女など6人。むめのさんが遺産の半分にあたる約1,225億円を相続したが、<u>配偶者控除の適用を受けて税額はゼロ</u>となり、残り6人に相続税855億円が課税された。納税のために、松下グループの株式を計約933億円で売却した。

　幸之助氏は、生前に節税対策もせず、遺書もなかったということだ。

● 二次相続対策は生前贈与を活用（P.203参照）

　さて、松下家にも二次相続が起こる。93年9月にむめのさんが97歳で亡くなった。翌94年6月に公示された時の課税遺産額は約56億円、相続税額は約39億円にものぼったが、わずか4年の間に幸之助氏から相続した財産が20分の1になっていた。これはなぜだろうか。

　実は、むめのさんは89年中に約840億円、90年中に245億円を孫ら4人に生前贈与し、さらに25億円を寄付していたのだ。これだけ大型の相続が発生すれば、税率は最高の70％(当時)になることは間違いない。仮に、1,225億円の財産が子供に相続され、さらに孫へと2回相続されると、財産の91％が相続税の支払いに消えてしまうことになる。それならば、一代飛ばして直接孫に贈与すれば、最高税率は同じ70％であり、1回だけの課税ですむ。

　このケースは超大型の相続であり、通常の相続対策を考える参考にはならないように思えるが、<u>相続税の配偶者控除の税額軽減の大きさと、必ずやってくる二次相続に対する備えの必要性および生前贈与の効果を知ることができる。</u>

8　相続人と法定相続分

（第4章を参照）

●遺産はだれに行く

　相続（税）対策における生命保険の果たす役割、契約形態について解説しようというのが本稿のねらいなのだが、なかなか一直線に具体的な話に入ることができない。なぜなら、事前に理解しておいていただきたい相続（税）の知識がいろいろあるからだ。知っているようで正確に理解できていないことは多いものだ。〈ズバッと核心に触れてくれ〉と、もどかしく感じられる方もあるだろうが、いずれも大事な話なのでお付き合いいただきたい。というわけで「**相続人**」。この中には生命保険活用のヒントが数多くある。

　民法では、相続財産を受け継ぐ人、すなわち相続人の範囲を次の親族に限定している。

1．配偶者
2．子
3．直系尊属（被相続人の父母、祖父母など）
4．兄弟姉妹

◎配偶者

　正式に婚姻の届け出がされている夫婦であれば、婚姻期間の長短、同居か別居かなどは問われない。逆に言えば、婚姻の届け出がされていない内縁関係の配偶者は、どんなに長く一緒に生活していようと相続人にはなれない。

◎子

　子が相続人となるためには、親子という血族関係（血のつながり）によって認められる。男女、既婚・未婚、嫡出子・非嫡出子などということは一切問題にならない。また、嫁いだ娘も子とみなして相続人となる。両親が離婚しても、その子は父母両方の相続人であり、父または母が再婚をして子と姓が違っても相続人であることに変わりはない。

　相続問題でよく話題にされるのだが、母が再婚した場合の連れ子は再婚後の母の夫（義父）とはなんら血のつながりがないから、義父が死亡してもその相続人にはなれない。同様に、先妻の子は再婚後の父の妻（後妻）とは血のつながりがないから、父の妻が死亡してもその相続人にはなれない。ただし、養子縁組がされていれば実子とみなされる。養子

は、養子縁組の届け出をした日から養親との間に血族関係が生じることになる。

> （注）　相続税の総額の計算上、法定相続人の数に含まれる養子は、実子がいる場合1人、実子がいない場合2人までである。
>
> 　ただし、税の負担を不当に減少させる目的の養子と認められるときは、法定相続人の数に含めない。

◎直系尊属

父母、祖父母、曽祖父母にあたる者をいう。

◎兄弟姉妹

兄弟姉妹には、父母の双方を同じくする者、父母の一方だけを同じくする者も含まれる。

◎相続順位

法定相続人は配偶者、子、直系尊属、兄弟姉妹であると述べたが、これらの人たち全員が常に相続人になるわけではない。相続人となる順序（相続順位）がある。それによると配偶者は常に相続人となり、第一順位が子、第二順位が直系尊属、第三順位が兄弟姉妹と定められている。

相続順位の持つ意味は、たとえば被相続人（死亡した人）に妻と子があれば、それらが相続人となる。この場合、直系尊属や兄弟姉妹は相続人にはならない。子（およびその代襲相続人）もいない場合にはじめて直系尊属が相続人となる。同様に、兄弟姉妹は子、直系尊属がともにいない場合に限り相続人となる。

◎代襲相続

子が親より先に死亡していた場合、相続ではどうなるのだろうか。

そこで「代襲相続」という制度が設けられている。被相続人の子が相続開始以前に死亡したときは、死亡した子の子（被相続人からみれば孫）に相続権を認めている。この場合の孫を「代襲相続人」、死亡した子を「被代襲者」という。

代襲相続は、本来相続人となるべきだった人の、いわば身代わり相続であるから、子が先に死亡し、孫が相続人になった場合には、その孫は子と同じで第一順位の相続人とみなされる。このため、代襲相続人となる孫がいるときは、直系尊属や兄弟姉妹が相続人になることはできない。

◎法定相続分

　さて、２人以上の相続人（共同相続人）がある場合、だれがどれだけ財産を相続するかという割合を相続分という。相続分はまず遺言によって指定できるが、その指定がない場合には民法の規定する相続分（民法第900条、901条）によることになる。これを「**法定相続分**」という。

　法定相続分はあらまし次のように決められる。

① 　配偶者は、他の相続人との組み合わせにより２分の１、３分の２、４分の３の３通り。

② 　他の相続人は、代襲相続人のいない場合は人数であん分する。

　　代襲相続人のいるときは、代襲相続人の親が相続するものとした人数であん分し、代襲相続人の相続分はその親の相続する分をさらにその人数で割る。

③ 　例外として、父母の一方だけが同じ兄弟姉妹は双方が同じ父母である兄弟姉妹の半分。

相　続　人	法定相続分	留　意　点
①配偶者と子	配偶者…$\frac{1}{2}$　　子…$\frac{1}{2}$	子が数人いるときは、相続分は均分となる。
②配偶者と直系尊属	配偶者…$\frac{2}{3}$　　直系尊属…$\frac{1}{3}$	直系尊属が数人いるときは、相続分は均分となる。
③配偶者と兄弟姉妹	配偶者…$\frac{3}{4}$　　兄弟姉妹…$\frac{1}{4}$	①兄弟姉妹が数人いるときは、相続分は均分となる。 ②父母の一方を同じくする兄弟姉妹の相続分は、双方を同じくする兄弟姉妹の２分の１となる。

■葬儀や医療費の支払いのために預貯金を引き出せるか？

　「亡くなった人名義の預貯金を引き出すには手続きが大変！」と、話には聞いたことがあるものの、実際に体験してみないとその大変さは分からないものだ。

　遺言書がない場合、亡くなった人(被相続人)の預貯金は遺産分割の対象となり、原則として法定相続人全員の同意がないと引き出せない。遺言書があっても、名義変更や解約の正式な手続きなしでは引き出せないというのが、一般的な金融機関のルールだ。

　平成30年の民法改正により、仮払い制度が創設されたが、手続きは簡単ではない。

　やはり葬儀費用等は別途、生命保険などで準備しておく方がいいだろう。

● **具体的な預貯金の相続手続きの流れは？**

　金融機関により異なるが、預金通帳、依頼書(金融機関所定)、戸籍謄本(相続人)、除籍謄本(被相続人)、印鑑証明書(相続人)等のほか、遺言書、または遺産分割協議書と相続人全員の印鑑証明書が必要になる。

　なかでも取り寄せるのが大変なのが「除籍謄本」だ。相続手続きでは、被相続人の死亡時の戸籍だけを用意すればいいわけでなく、出生から死亡までの全戸籍が必要となる。除籍とは、戸籍に記載された人が婚姻や死亡で全員いなくなったり、他の市町村に転籍した場合などの戸籍をいう。結婚や離婚を繰り返している場合など、過去の全戸籍がないと、法定相続人となる者全員の確定ができないからだ。

　また、相続手続きに際し、相続人全員の意思を示すのが依頼書だ。依頼書に相続人全員の実印が押され、相続人全員の戸籍謄本(現戸籍のみで可)や印鑑証明書、遺産分割協議書がそろっていれば、その証明となる。ただし遺言書があれば、相続人全員の実印などは不要となる。被相続人の取引金融機関が1行ならまだしも、数行に及ぶケースも少なくない。金融機関ごとに、必要な書類が微妙に違っていたり、提出した書類を返してくれたりくれなかったりと、対応も様々だ。

　なお、平成29年5月29日から「法定相続情報証明制度」がスタートした。登記所(法務局)に戸除籍謄本等の束を提出し、併せて相続関係を一覧に表した図(法定相続情報一覧図)を出せば、登記官がその一覧図に認証文を付した写しを無料で公付してくれる。この制度を利用すれば、戸除籍謄本等の束を何度も出し直す必要はなくなる。

9　遺留分

●遺言でも侵害されない遺留分

　法定相続分の話をすると、同時に「**遺留分**（いりゅうぶん）」についても触れておかなくてはならない。

　すでに述べたように、通常、遺産の分割は相続人間の協議で決まる。しかし、もし遺言書があればその財産は分割の対象にはならず、遺言で指定された人のものになる（相続人全員の合意があれば、遺言の指定以外の遺産分割もできる）。たとえば、妻や店を継ぐ長男など特定の相続人に法定相続分以上の財産をやる、税軽減対策で一代飛ばして孫にやる、世話になった人にやるといったことができる。しかし、そのままでは民法で定められた相続分が減ったり、極端な場合にはまったく無くなることも起きてしまう。それでは困るので、遺言でも絶対にとられない取り分が決められている。それが「遺留分」だ。

　遺留分の額は被相続人の財産の2分の1（相続人が父母のみの場合は3分の1）だが、この遺留分のある相続人は、子、父母および配偶者で、兄弟姉妹にはないことに注意してほしい。逆にいえば、相続人が兄弟姉妹だけならば、被相続人は全財産を自由に贈与、遺贈できることになる。

　また、被相続人が遺留分を侵害する遺言をしても、黙っていてそれが無効になるわけではなく、遺留分のある他の相続人から異議が出た場合に遺留分侵害額請求権が生まれ、受遺者等に対し遺留分侵害額に相当する金銭の支払を請求できる。例えば、夫（父）が全財産を愛人に与えると遺言した場合、妻子はそのことを知ったときから1年間、あるいは相続開始のときから10年間のうちに「遺留分侵害額の請求」をしなければ、その権利は消滅する。

　遺留分侵害額の請求は、訴えを起こすといった面倒な手続きはいらない。相手方に「遺留分侵害額を請求する」という意思表示をすればいい。もっとも、その時期や内容を明確にしておくため、内容証明郵便にすることも必要だ。

　相手方がこれに応じなかったときは、家庭裁判所に調停の申し立てをすることになる。

相　続　人	遺留分	各人の遺留分	
子と配偶者	1/2	子	$1/2 \times 1/2 = 1/4$（子が複数あるときは頭割り）
		配偶者	$1/2 \times 1/2 = 1/4$
配偶者のみ	1/2	1/2	
子のみ	1/2	1/2（子が複数あるときは頭割り）	
配偶者と直系尊属	1/2	配偶者	$1/2 \times 2/3 = 1/3$
		直系尊属	$1/2 \times 1/3 = 1/6$（直系尊属が複数いるときは頭割り）
直系尊属のみ	1/3	1/3（直系尊属が複数いるときは頭割り）	
配偶者と兄弟姉妹	1/2	配偶者	1/2
		兄弟姉妹	なし
兄弟姉妹	なし	なし	

● **遺留分の基礎となる財産価格の求め方**（民法1043、1044）

遺留分算定の基礎となる財産価額	＝	被相続人の死亡時の財産価額	＋	贈与した財産価額	－	債務の額

《**贈与財産の価額に含まれるもの**》

① 被相続人が死亡前10年以内に、相続人の婚姻、養子縁組のため、あるいは生計の資本として贈与した額

② 被相続人の死亡前1年以内に贈与した額

③ 被相続人の死亡の1年以上前にした贈与のうち、遺留分権利者に損害を与えることを承知して行った贈与の額

※遺留分算定基礎財産に算入される財産の価額は、生前贈与財産を含め、すべて相続開始時を基準として評価された価額。

10　限定承認と相続放棄

●借金や保証債務などマイナスの財産もある

　相続の対象となるのは不動産や現金・預金のようなプラスの財産ばかりではない。相続人は借金や保証債務など、いわばマイナスの財産も受け継ぐことになる。借金のように分割できる債務を複数の相続人で相続した場合には、各相続人は相続開始と同時に、貸主に対し法定相続分に応じた支払い義務を負うことになる。

　この支払い義務を負うということは、仮にその相続人がプラスの財産を何も取得していなくても、自分の固有財産の中から返済しなければならないということだ。それが嫌ならば、一定期間内に法定の手続きにより、「**相続放棄**」か「**限定承認**」をしなければならない。相続財産が明らかにマイナスのときは「相続放棄」をすればよい。しかし、プラスかマイナスかはっきりしないときには「限定承認」が有効だ。

◎限定承認

　限定承認とは、負債を支払う責任を相続財産の範囲内に限定して相続する制度。つまり遺産の中から借金を支払い、余った財産があれば受け継ぐことができ、もし遺産で返済しきれないほど借金があっても、それを自らの固有財産でもって返す義務はない。

　限定承認をするには、相続開始を知ってから3か月以内に、相続財産の内容を記載した財産目録を作成し、家庭裁判所に申し立てを行ない、これを受理する審判を受けなければならない。相続人が複数の場合は、全員の共同でなければできないので、ひとりでも反対者がいると手続きはできない。そのときは、債務を負担したくない相続人は、相続放棄をする以外に責任を免れる方法はないことになる。

◎相続放棄

　財産が明らかにマイナスである場合は、相続放棄によって相続しないことができる。相続開始を知ったときから3か月以内に、家庭裁判所に放棄の申述を行ない、審判により受理してもらうことが必要だ。限定承認と違って、財産目録の提出も理由を示すこともいらない。ただ、いったん相続放棄をすると、3か月の期間内であっても、原則として取り消すことはできない。また、相続を放棄した人はその相続に関して、はじめから相続人とならなかったものとみなされる点にも留意しておきたい。

ところで、相続放棄は相続人それぞれの自由であるから、長男は相続の承認、次男は相続放棄というケースもある。この場合、相続放棄は代襲相続の原因とはならないから、被相続人の子が相続の放棄をしても、孫が相続人（代襲相続人）となることはできない。

　その結果、複数いる相続人のうちの１人が相続の放棄をすると、他の相続人の相続分はその分だけ増えることになる。また、相続の放棄によって、相続人の順位に変更が生ずることもある。例えば、相続人が妻と子のケースで、子の全員が相続放棄をすると、被相続人の子がなかったとみなされ、直系尊属が相続人となる。直系尊属がすでに死亡していたり、生きていても相続放棄をすると、今度は兄弟姉妹に相続権が移ることになる。

●相続放棄をしても生命保険金は受け取れる （P.217参照）

　契約者（保険料負担者）＝被保険者＝被相続人で、相続放棄をした人を受取人とする生命保険契約があったとき、この生命保険金はどうなるのだろうか。

　ご承知のとおり生命保険金は「受取人固有の財産」であるから、相続放棄をしても保険金を受け取ることができる。しかし、先に述べたように相続放棄をした人は相続人とはならないため、遺贈により取得したものとみなされ、相続税の課税対象となる。

　相続人の全員が相続の放棄をして、生命保険金だけを受け取る場合でも、相続税の基礎控除（3,000万円＋600万円×法定相続人の数）は適用される。

　この基礎控除の計算において、法定相続人の数は相続放棄はなかったものとして計算することになっているから、法定相続人が妻と子供２人の場合には、他に相続税の課税対象となるものがなければ、4,800万円までの生命保険金には相続税がかからないことになる。

　配偶者の税額軽減も適用されるので、妻が１億6,000万円の死亡保険金を受け取っても相続税の納税はしなくてもいい。

　生命保険金の非課税金額（500万円×法定相続人の数）は相続人が受け取る生命保険金に対して適用されることになっているから、相続を放棄した人の受け取った生命保険金には適用されない。

　ただし、保険金の非課税限度額（500万円×法定相続人の数）を計算するときの法定相続人の数には含まれる。

11　遺　言

●法定相続より優先される遺言

　万全な相続（税）対策を立てても"争族"が起こってはすべてが無になってしまう。せっかくの対策をきちんと実行に移すための、最後の切り札は「遺言」だ。遺言の威力は絶大で、相続が発生して法的に効力のある遺言がある場合、原則として法定相続よりも遺言が優先される。法的に認められる遺言の書き方には、大きく分けて「普通方式」と「特別方式」の2種類があるが、このうち特別方式は遺言者が危篤の場合や海難事故などで緊急を要する場合の方法である。普通方式の遺言には次の3つの種類がある。

①自筆証書遺言

　遺言者が遺言内容の全文、日付、氏名を自書し、印を押して作成する。

　ただし、財産目録については、ワープロ書きでもよいが、各頁に遺言者の署名・押印が必要。

②公正証書遺言

　遺言者が公証人に遺言の趣旨を述べ、これを公証人が公正証書として作成する。証人2人以上の立ち会いが必要で、公証人は筆記したものを読み上げ、証人と公証人が各自署名し、押印する。控えを作成し、原本は公証人役場で保管される。

③秘密証書遺言

　遺言者があらかじめ書いた遺言を公証人と2人以上の証人の前に提出し、自分の遺言であることを証明してもらう。公証人は遺言書が提出された日付と、「本人の遺言書である」旨を認め、遺言者と証人とともに署名・押印する。だれが保管してもかまわない。

　基本的には、遺言には何を書いてもかまわないが、法的に意味を持つのは財産関係の処分や子の認知などに限られる。ただし、遺留分は遺言に勝る。遺言の内容が遺留分を侵害していても無効ではないが、無用な争いを避けるためにも、遺留分を侵害しない遺言書を作成することが必要だ。

　遺言は、遺言者の意思を確定し、偽造や変造などの争いを残さないために、民法でその方式を厳格に定めており、この方式を守らない遺言は無効とされる。

　一般に、最も安全で確実な方法は②の公正証書遺言と言われる。公証人は法律に詳しく、曖昧な表現はチェックされるからだ。

遺言の種類と特徴

種　類	自筆証書遺言	公正証書遺言	秘密証書遺言
意　　義	自分で遺言を書き、氏名・日付・押印をする方法 （財産目録についてはワープロ書きでもよい）	本人と証人2人が公証役場に出頭し、作成する方法 （病気などで行けない場合は自宅に来てくれる）	本人が記入した後封筒に入れ封をして、公証役場にて証明してもらう方法
証　　人	不　要	証人2人以上	公証人　1人 証　人　2人以上
書　く　人	本　人	公　証　人	本人が望ましい
署 名 押 印	本　人	本　　人 公　証　人 証　　人	本　　人 公　証　人 証　　人
印　　鑑	実印・三文判いずれでもよい	本人…実印 （印鑑証明書持参） 証人…実印 （印鑑証明書持参）	本人…遺言書に押印したもの 証人…実印・三文判いずれでもよい
日　　付	年月日まで入れる	年月日まで入れる	年月日まで入れる
家庭裁判所の検認	必　　要*	不　　要	必　　要
特　　徴	(イ)簡単に作成できる (ロ)検認手続きが必要* (ハ)紛失の恐れがある (ニ)要件不備により紛争の起こる可能性がある (ホ)遺言内容の秘密が保てる ＊法務局での遺言書の保管制度を利用している場合は家庭裁判所による検認は不要。	(イ)保管の心配がなく遺言の存在と内容を明確にできる (ロ)検認手続きは不要 (ハ)遺言の秘密が保てない	(イ)遺言の存在を明確にできる (ロ)検認手続きが必要 (ハ)紛失の恐れがある （公証人役場では保管しない） (ニ)要件不備により紛争の起こる可能性がある (ホ)遺言内容の秘密が保てる

[12]　相続税の対象とならない死亡保険金

●契約形態により異なる税の種類

　すでに繰り返し述べてきているが、生命保険の相続対策に果たす役割の第一は相続税の納税資金対策である。そのためには、契約者＝被保険者＝被相続人（父）、死亡保険金受取人＝相続人（妻や子）という基本型の生命保険契約が必要になる。

　ところが、この契約形態で受け取る生命保険金はみなし相続財産として、相続税の課税対象になる。相続人１人あたり500万円の非課税の特典はあるが、すでに述べたように相続財産が大きくなると相続税も大きくなり、そのすべてを上記の契約形態による生命保険金でまかなおうとすると、とんでもない額の生命保険金額になってしまう。そこで、相続税の対象とならない形で死亡保険金を受け取ることを考えてみる。

　死亡保険金の課税関係を整理してみると下表のようになる。

	契約者 （保険料負担者）	被保険者	保険金受取人	税の種類
①	夫	夫	妻（または子） （相続人）	相続税
②	妻	夫	子	贈与税
③	妻（または子）	夫	妻（または子）	所得税・住民税 （一時所得）

　この中で、②の贈与税の課税対象となる形態はとりにくいが、③の一時所得となる形態ならば活用できそうだ。ご承知のとおり一時所得扱いになれば、受取死亡保険金額から支払った保険料を必要経費として控除でき、さらに最高50万円の特別控除がある。そして、その控除後の金額の２分の１が他の所得と合算されて所得税と住民税が課税される。相続税の対象にするか一時所得の対象とするか、税金上どちらが有利になるかを比較した上で契約形態を選択しなければならない。

13　保険料を贈与する

（第6章を参照）

●収入のない子供を契約者にする

　相続税対策のひとつとして、所得税の対象となる生命保険に入る話をしたが、子供がまだ小さくて所得がないような場合もある。当然、保険料の負担能力もない。そんな場合には、保険料相当額を毎年贈与することを考えたい。

> 契約者＝子供
> 被保険者＝父（被相続人）
> 受取人＝子供

　なぜそんな面倒なことをしなければならないのか？　基本的な話になるが、意外に理解されていない向きがあるので少し触れておこう。

　生命保険契約の税務には契約上の当事者である契約者、被保険者、受取人のほかに「**保険料負担者**」が登場する。一般に、契約者＝保険料負担者という前提で話されるのであまりなじみがないのだが、生命保険金の課税関係を判断する場合には、実質的な保険料負担者と受取人の関係から相続税・贈与税、所得税の課税が決まる。だから、子供が契約者となっていても、その子供に収入がない（保険料負担能力がない）場合には、保険料は実質保険料負担者（たぶん父親）が支払っていたものとされる。そうなると、前掲の契約形態を活用して受取死亡保険金が相続税の対象にならないようにしていても、すべて水の泡となってしまう。

　そこで、毎年の保険料相当額を父親から子供に贈与しておくわけだ。ただし、生命保険税務では基本的に、保険料支払いの段階での贈与認定は考えられない。これは普通の保険契約では理解しにくいが、たとえば前掲の契約形態で、一時払で1億円の保険料を支払ったとしても、その段階で父親から子供に贈与があったとして贈与税がかけられることはない。死亡、満期、解約などで契約が消滅したときに初めて課税される。

●贈与の事実を証明するものを残す

　保険料支払時点での贈与というのは税法上は極めてイレギュラーな取り扱いになる。そのため、毎年贈与契約書を作成し、贈与税の申告・納税を行うとか、保険料振替のために子供名義の銀行口座を作成の上で印鑑等を別管理するなど、後々その贈与事実を証明する

ための証拠や書類をハッキリと残しておかなければならない。それがちゃんとできなければ、単にトラブルの種を作るだけである。贈与契約書などの証拠書類は、将来相続が発生したときになって、過去の贈与事実を認定させるためのものであるから、トラブルを避けるために確実に残しておかなければならない。

① 毎年の贈与契約書

　毎年繰り返し行なわれる保険料相当額の贈与事実を書きとどめておく。とくに形式は要しないが、現金贈与の日、贈与の金額を定め、贈与者（父親）と受贈者（子供）が署名・捺印する。念を入れるならば、受贈者が未成年のときは親権者として母親も署名・捺印しておくことも考えたい。また、契約書は毎年作成し、くれぐれも「今後〇年間、毎年〇月〇日に現金〇円を贈与する…」といった文言で節約を図ることは避ける。

② 贈与税申告書

　贈与税の基礎控除額110万円以下の贈与については申告は不要だが、あえて保険料が110万円以下であっても110万円を超える現金を贈与し、贈与税の申告を毎年続けていく。贈与財産の種類はもちろん「現金」だが、ここでも念を入れて生命保険料の贈与である旨の贈与の目的も明記しておきたい。なお、贈与税の申告書の控えは受贈者が確実に保管しておく。税務署側に申告書が残っているだろうからという甘い期待は避けることだ。

③ 所得税の確定申告等における生命保険料控除の状況

　贈与を受ける子供は一般に収入のないケースがほとんどで、生命保険料控除は利用されていないだろう。その場合に、まちがっても贈与者である父親の側で当該契約にかかる保険料を所得控除の対象にしてはならない。それでは、保険料負担者を子供としようとする努力がすべてムダになってしまう。

④ その他の贈与事実が認定できるもの

　これは子供名義の銀行口座を用意して、そこから保険料の振替を行うことがポピュラーなものだが、その際にはその口座が贈与者である父親の管理運用下にあると言われないような状況を意識的につくることだ。印鑑を別にして管理をしっかりすることはもちろんのこと、父親の銀行とは別にするということも考えたい。

⑤ その他の留意点

　よく尋ねられるのは、子供の年齢は何歳でも構わないのかという点だ。幼児を受贈者とする契約についての有効性を明確にした資料はないが、零歳の子供までを契約者とするなどの事例が出ていることに対して、国税当局からは行き過ぎを指摘する声もある。また、この保険料贈与に関する国税不服審判所の裁決事例（昭和59年2月27日裁決）では子供の年齢は13歳であったことも知っておいてもらいたい。なお、くどいようだが、贈与事実の真ぴょう性を高めるため念には念を入れてほしい。

● 相続時精算課税制度を利用する （P.71参照）

　次に、相続時精算課税制度を適用した場合はどうだろうか。この制度は、60歳以上の者から18歳以上の推定相続人および孫への贈与について、2,500万円の特別控除を認めるもので、この金額内（基礎控除の適用後）の贈与については課税せず、それを超えるものについては超過額に対して一律20%の税率で贈与税を課すこととなっている。贈与財産にはとくに制限はなく、当然、この資金を生命保険加入に利用しても問題は生じない。年払はもちろん、まとまった資金を一時払や短期払、あるいは頭金などとして活用できる。

　ただ、ここで留意しなければならないのは、この制度の適用を受けた贈与財産については贈与者の相続時に相続財産に加算して相続税を計算しなければならず、もともと多額の相続税のかかる資産家にとっては、贈与時は無税で受けても、直接は相続税の軽減には結びつきにくいということである。

　では、活用の余地はないのかといえばそうともいえない。この制度では、相続時に加算する贈与財産の価額は贈与時の価額によることになっていることから、確実に価値が上昇するものについてはその差額分についてメリットを受けることができる。したがって、生命保険においては一定の最低保証がされ、将来にわたって価値が上昇することの見込める商品ということになろう。

　なお、この制度においては、贈与財産を受けた場合、金額の多寡に関係なく申告することとなっているが、やはり資金の流れは明確にしておくべきであろう。

14　争族対策

●こじれると積年のうらみつらみが噴出する

「相続対策はしてありますか」と聞かれると、「うちには財産がないから、もめ事なんか起こるはずがない」とか「兄弟姉妹みんな仲がいいから大丈夫」と答える人が多い。しかし、本当にそうだろうか？

相続のトラブルは俗に「骨肉の争い」と言われるように、一旦こじれると積年のうらみつらみが一度に噴出する。「小さいときから兄さんばかり可愛がられて、いい思いをしてきた。私はずっと我慢してきたのだから」と妹が言えば、「おまえは嫁に行くときに十分してもらっただろう」と兄が言い返す。こんな不満は多かれ少なかれ誰もが心の隅に持っているだけに、表面化するとどんどんエスカレートしていくばかり。加えて「子供はみんな、親の財産は自分のものだと考えている」という現実がそれに拍車をかける。

●遺産分割の処理を困難にする要因

遺産分割の処理は一般に困難なものが多く、長期化しやすい。その要因としては次のような点が挙げられる。

1．相続財産の5割近くが分割しにくい土地・建物

わが国では相続財産の5割近くが土地や建物である。資産価値が高く、また、容易に分割できないだけに話がこじれる。

2．経済環境や将来に対する不安

長引く不況で最近は経済環境や将来に対する不安が高まっている。そうなると、わずかな相続分しかない者でも、自分の取り分だけは…と主張し、話がまとまらない。

3．個人的権利意識

遺産相続に関しては、一般に人々の「家族共同体」意識が後退し個人の権利意識が強くなっている。これに核家族化の傾向が合わさって、被相続人の財産を相続人のひとり（たとえば長男）に集中させるような方向での話し合いはもちろん、互いの譲歩も非常に困難になっている。

4．親族間の感情的対立

（1）被相続人に数人の子がいる

子どもがそれぞれ結婚・独立して家庭を持つと、家族共同体意識は失われ、利害得失

をめぐって現実的な打算が先行する。兄弟姉妹間の争いや憎しみは他人間の紛争よりも一層解決がむずかしい。

（2）先妻の子と後妻の子がいる

　感情的反発が激しく、話し合いでの解決はほとんど期待できない。

（3）嫡出子と非嫡出子がいる、あるいは実子と養子がいる

５．当事者の多数

　遺産分割は相続人全員で行うことが要件だ。ひとりの被相続人の相続についても、代襲者が大勢いたり、調停・審判中に相続人が死亡して第二次、第三次の相続が起こり、承継人が増えたりする。当事者が多数になればなるほど意見の一致はむずかしくなる。

　相続が起こったとき、相続人間の話し合いがまとまらない場合は、家庭裁判所に持ち込んで調停・審判手続きで法的決着をつけることになる。調停は、当事者全員を集めて争点を整理しながら意見のくい違いを調整していく。全員の意見が一致すれば、遺産分割の協議が成立するが、ひとりでも反対すると調停は不調となり、手続きは当然に審判に移行する。審判は、調停のような話し合いによるものではなく、法の力により強制的に遺産の分け方を決定するもの。裁判官が自ら証拠調べをして、「長男は○○の土地と建物、次男は○○の建物と現金を取得する」というように具体的な分配方法を決定する。

　相続の実態を表す資料として、最高裁事務総局編「司法統計年報　3　家事編」による家事審判・調停事件の事件別新受件数がある。戦後の調停・審判、相続放棄、遺言書の検認の新受件数の推移は次表のようになっている。

年　次	相続放棄	遺産分割		遺言書の検認
		審判	調停	
年	件	件	件	件
S24	148,192	251	853	367
30	142,289	475	2,186	640
40	110,242	681	3,439	971
50	48,981	834	4,395	1,870
60	46,227	1,035	5,141	3,301
H元	43,626	1,383	7,047	5,262
2	43,280	1,442	7,703	5,871
3	45,884	1,584	7,917	6,191
5	58,490	1,612	8,284	7,434
10	83,316	1,594	8,708	8,825
15	140,236	1,974	9,582	11,364
20	148,526	2,019	10,860	13,632
21	156,419	2,073	11,432	13,963
22	160,293	2,125	11,472	14,996
23	166,463	2,305	11,724	15,113

24	169,300	2,589	12,697	16,014
25	172,935	2,317	12,878	16,708
26	182,082	2,155	13,101	16,843
27	189,296	2,012	12,975	16,888
28	197,656	1,895	12,766	17,205
29	205,909	1,973	14,044	17,394
30	215,320	1,967	13,739	17,487
R元	225,415	2,041	13,801	18,625
2	234,732	1,857	12,760	18,277
3	251,993	2,255	13,565	19,576

（注）最高裁判所事務総局編「司法統計年報　3　家事編」

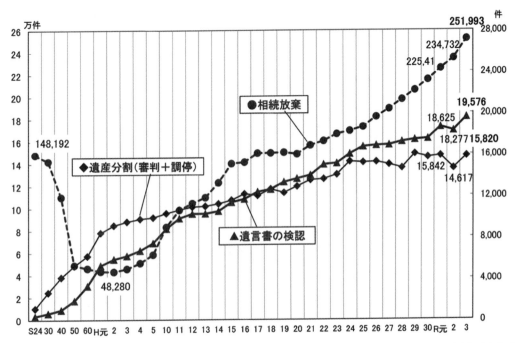

　昭和24年からの件数の推移をみると、遺産分割、遺言書の検認は、一貫して増加傾向を続けている。先にも書いたように、この背景には個人の権利意識の高まりや景気の低迷といったものがある。戦後の民法改正により「家」意識が後退し、「個人」の権利意識が強くなり、遺産をめぐる親族間の話し合いによる解決がつかず、家庭裁判所への遺産分割の請求が増加している。また、相続発生後の争いを防ぐための手段のひとつとして遺言が活用され、遺言書の検認も増える結果となっている。

　これに対して、相続の放棄の件数はV字を描いている。昭和24年には14.8万件あったが、減少を続け平成2年には4.3万件になる。これは、「もらえるものはもらいたい」という権利意識の高まりの結果といえる。しかし、平成3年以降は一転して増加を続け、令和3年分では25.1万件にもなっている。これは、借金を残したまま相続が始まり、プラスの財産よりも借金の方が多いケースが増えたことが背景にあると考えられている。

バブル経済期に、土地持ちの資産家が「相続税対策」として、借金をしてアパート・マンションを競って建てたものの、バブル崩壊で地価は急落し、その後、景気低迷は長引き、借金が重く残ったまま相続を迎えてしまったというケースがあった。同様に、当時、事業拡大などで多額の借入をした経営者や景気低迷を借入でしのいできた中小・零細企業の経営者が力尽きたケース、リストラ・失業・病気による経済苦などで消費者ローンに頼った働き盛りの多重債務者が亡くなったケースなどもあると考えられる。

　中小・零細企業の経営者にとっては、経営を継続し会社を発展させていくために、借金は必要だ。「経営者保証に関するガイドライン」により経営者保証なしで融資を受けられる可能性もあるが、運転資金の借入に当たって、社長や奥様が連帯保証人になっているケースがほとんどである。

　相続により承継されるものには、この保証債務も含まれる。保証債務の最大の問題は、相続人がその存在すら知らない可能性があるということだ。相続が発生した時、本人が直接負っていた借金ならば、何らかの文書が残されていて相続人が気づきやすいといえるが、他人の借金の連帯保証をしていた場合は、表面的には分からないケースが少なくない。連帯保証をしていた人が無事に返済を終えてくれれば、特に問題はないが、返済が滞ってしまうと、保証人への請求となる。保証した本人が亡くなれば、それで終わりではなく、知らずに保証債務も相続してしまった相続人にまで影響が及ぶ結果となる。

　もちろん、相続が発生したときにプラスの財産よりも借金の方が多いことが分かれば、相続の放棄をすることができる。相続人は、「自己のために相続の開始があったことを知った時から3か月以内に」、単純もしくは限定承認、または放棄をしなければならない（民法915）。ただし、単純承認をするために特別の手続きは必要ない。何もせずに、この3か月の期間（熟慮期間）が経過すれば単純承認したことになる。つまり、何もせずに3か月が経過すると、借金等も含めて相続をしたことになる。

　3か月なんて、葬儀をはじめいろいろの手続きをし、文書等で残されていない借金や保証債務を調べていると、あっという間に過ぎてしまう。相続財産が各地に散在していたり、多量で複雑なものとなっていて、その調査にかなりの日時を要する場合には、家庭裁判所への請求により相続の承認又は放棄の期間の伸長をすることができる。この件数も増加しており、令和3年では9,000件を超えている。

　クレジットやキャッシングなどで簡単にお金を借りることができるようになった結果、借金の相続ということが企業経営者や資産家などだけの問題ではなく、ごく普通の人の相続にも関係してくる。相続税がかかりそうだから、その申告は税理士さんに、遺産分割は弁護士さんにお願いすればいいのだが、借金がらみの相談は誰にすればいいのだろうか？

遺産分割対策には、相続発生後の争いを防ぐということだけでなく、安心して相続するということも含まれている。相続が発生する前に、自分が亡くなった際に借金や保証債務などが分かるように準備しておく。そうしておけば、残された遺族は、相続すべきかどうかの判断も迅速に行うことができる。相続を放棄せざるを得なくなったとしても、受取人が指定された生命保険金は受取人の固有財産として受け取ることができる。相続対策としての生命保険活用提案には、この点にも留意していただきたいと思う。

　単純承認をしたものとみなされる場合には、「相続人が相続財産の全部または一部を処分したとき」もある（民法921）。したがって、限定承認や相続放棄を検討するために、専門家に調査を依頼すればその費用がかかるが、この支払いに遺された現金・預金を使うと、財産の処分に当たるため単純承認したことになってしまう。調査にかかる費用は、相続人が自らの固有財産で準備しておく必要がある。ここでも生命保険が役に立つ。

　なお、相続をめぐる争いは、資産家だけの問題ではない。財産が被相続人が生活していた家や土地、いくらかの現金・預金だけであったとして、相続人が複数いれば、争いが起きる可能性がある。右のグラフは、家庭裁判所で審判・調停にかけられた事件を遺産の価額別にまとめたものである。

　遺産が5,000万円以下のものが76.7％を占める。相続税の基礎控除の定額部分が3,000万円であるから、これらの相続は相続税がかかっていないものが多いことになる。1億円以下の部分にも基礎控除以下で相続税がかかっていないものもあるだろうから、おそらく7割超は相続税がかからなくてもモメている事件といえる。やはり、財産が少なくても「争族対策」は必要だということがわかる。

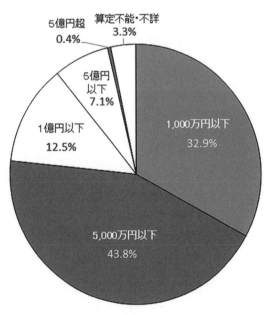

遺産額と審理（令和3年）

（最高裁判所「司法統計年報 3 家事編」）

15 代償分割

● 家業を○○に継がせたい

「代々家業を引き継いできて、5代目の老舗を個人で営業しています。事業は順調に発展していますが、私も年老いてきたので将来のことを考えるようになっています。幸い家業は長男が継いでくれたのですが、将来争いが起こらぬように今のうちに対策を講じておきたいのですが…」

相続関係の本を開くと「**争族**」に関する章が必ずある。そして、争族の起こるケースとして、これもまた必ず載っているのが上記の「老舗やのれん（営業権）を譲る」ケースだ。なぜこのケースで争いが起きやすいのだろうか。

まず、代々引き継がれて繁栄しているということは、駅前の繁華街にあるなど立地条件がいいのである。当然のことながら事業用に使われている土地の資産価値が高い。それを家業を引き継ぐからという理由で、長男ひとりが相続することを他の兄弟姉妹がすんなりと納得するはずがない。それぞれが自らの相続分を主張し合う。それじゃ…と財産を分割したらどうだろう。その地域に密着しているからこそ商売が成り立っているのだ。その土地を処分して他の場所へ移るわけにはいかない。

つまり、

①資産価値が高い
②分割できない

という点が争族を引き起こしやすいのだ。

だから対策を考えなければならないわけだが、父親名義の老舗やのれんを生前に譲る方法として、まず考えられるのは贈与か譲渡。だが、これにはそれを受け継ぐ長男に贈与税や譲渡の対価を支払うだけの資金が必要になる。なかなかそれだけの資金は用意できない。

そこで親が生きているうちに財産を譲ることを考えるより、父親の死後に家業やのれんが確実に相続される方法を考えた方が経済的には得策だとなる。それは事業に必要な財産を長男に相続させる旨の遺言書を作成することが第一だ。しかし、これだけでは万全ではない。それ以外に財産がなくて他の相続人の「遺留分」を侵害するような内容であると、遺留分侵害額を請求されることがあるので、その手当てを考えておく必要がある。

　その方策として、父親の死亡による保険金を長男が受け取るような生命保険に入っておく。契約形態は次のようになる。受取保険金にかかる税金は違うが、いずれにしても家業を受け継ぐ長男に生命保険金が入るようにしておく。

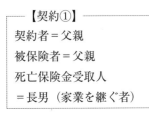

```
┌──【契約①】──────┐          ┌──【契約②】──────┐
│ 契約者＝父親       │  あるいは、長男に保険  │ 契約者＝長男       │
│ 被保険者＝父親     │  料負担能力があれば、  │ 被保険者＝父親     │
│ 死亡保険金受取人   │                        │ 死亡保険金受取人   │
│  ＝長男（家業を継ぐ者）│                    │  ＝長男（家業を継ぐ者）│
└─────────────┘          └─────────────┘
```

● 代償分割

　それでは、実際に相続が発生したときには、保険金を受け取った長男はどうすればいいのだろうか？

　相続財産の分割は、相続した財産を分割することが建前だが、相続によって取得する財産の中には分割不可能なものもある。そのような場合には、相続財産を相続人間で分割せず、特定の相続人が自分の相続分を超えて財産を取得する代わりに、自分の固有財産を他の相続人に提供することで遺産分割が行われる場合がある。これを「**代償分割**（だいしょうぶんかつ）」という。

代償分割の仕組み

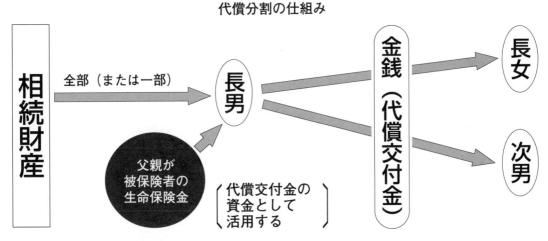

　この代償分割を利用するわけだが、代償分割の問題は代わりに支払うだけの資産（現金、債券、株式）があるかどうかだ。親からの相続財産の中にあれば、はじめからそれを分割するから代償分割にはならない。そこで長男の固有の財産を支払うわけだ。しかし、何も対策なしで長男にそんな財産があるかどうかだ。そこで、その手当てとして生命保険を使う。長男は土地や店舗、備品など事業に必要な資産を優先して取得する代わりに、他の相続人に受取生命保険金から現金を支払う。

契約①の契約形態で受け取る生命保険金は、みなし相続財産として相続税の対象となる。しかし、すでに述べてきたように、それは課税上の取り扱いであり、受取保険金は被相続人である父親の財産ではなく、受取人である長男の固有の財産である。だから、代償交付金として活用することができる。

　ただし、ここで考えておかなければならないのは、受け取った生命保険金には税金がかかることだ。契約①ならば相続税、契約②ならば所得税がかかる。それらを考慮した上で保険金額を決めなければならない。

　ところで、こんな代償分割の場合、相続税の計算はどうなるのだろうか。

　長男は相続した事業用資産が課税対象となり（保険金が相続税対象ならば保険金も）、他の相続人に渡す現金は財産からマイナスする債務となる。他の相続人は長男からもらった現金が相続税の対象となる。

※代償財産として交付する財産が、不動産である場合には、代償分割による債務を負担するための資産の移転となるため、時価によりその資産を譲渡したものとして、所得税が課税される。

　なお、遺産分割協議書を作成するときは、代償分割によって遺産分割を行ったことを記載しておくことが必要となる。

【記載例】
・相続人○○は、被相続人の遺産をすべて相続する。
・相続人○○は、その取得した相続財産の代償として、相続人△△に対して現金＊＊＊＊万円支払うものとする。

16　親孝行保険

●息子の方が先に死ぬこともある

　相続というのは、本来ならば親から子へ、子から孫へ、つまり若い世代へと引き継がれていくものだが、常に親の方が先に死ぬと限ったわけではない。ときには、息子の方が先に死ぬこともある。

　学校を卒業して社会人になった。しばらくして生命保険に入ることになるだろうが、そのときには、死亡保険金の受取人は大抵、その両親になっている。しかし、結婚を契機に受取人は妻に変更されることが一般的である。ところが、人生80年超の超高齢社会、結婚して子供が生まれても、両親はまだまだ健在だ。結婚後も老親に仕送りを続けている孝行息子もいるだろう。そんな状況で夫（息子）が亡くなったとしたらどうだろう。

　息子に妻と子がいる場合、両親は相続人にはなれないから、息子の財産を受け取る権利はまったくない。同居の場合は悲惨な事態が起きるかも知れない。もともと折り合いの悪かった妻（嫁）は、夫の死亡により家や土地を処分して実家に戻り、後には住むところもなくなった老親が残されるという事態も考えられるのだ。

　それは極端な例だとしても、自分に万一のことがあったとき、育ててくれた両親に何がしかのものが残るようにこの「**親孝行保険**」を勧めておきたい。

> 契約者＝子
> 被保険者＝子
> 死亡保険金受取人＝両親

「あなたに万一のことがあったとき、ご両親の受けるショックは言葉では言い表せないくらい大きいでしょう。お金でそれが消せるものではありませんが、親孝行だと思って入ってはどうですか」

　ところで、両親が受け取る死亡保険金だが、先述のように息子に妻と子がいる場合に両親は相続人とはならない。だから、受取保険金は遺贈により取得したとみなされて相続税の対象となり、保険金の非課税規定は適用されない。つまり、受取保険金の全額が課税対象となって相続税の計算がされる。それでは「相続税の2割加算」はどうだろう。これは相続や遺贈によって財産をもらった人が、「被相続人の1親等の血族および配偶者のいずれでもない（孫養子を含む）」場合に、算出税額にその20％にあたる金額を加算するもの。両親は息子の1親等の血族である。2割加算はされない。

　相続開始の時において保険事故（被保険者の死亡など）が発生していない生命保険契約であっても、被相続人が保険料を負担していた場合には「生命保険契約に関する権利」として相続税の課税対象となる。

●解約返戻金の額で評価

　平成15年度税制改正で旧相続税法第26条による生命保険契約の権利の評価方法が廃止され、原則として解約返戻金の額で評価する（評基通214）こととなった。

●財産評価基本通達214（生命保険契約に関する権利の評価）

　相続開始の時において、まだ保険事故（共済事故を含む。この項において同じ。）が発生していない生命保険契約に関する権利の価額は、相続開始の時において当該契約を解約するとした場合に支払われることとなる解約返戻金の額（解約返戻金のほかに支払われることとなる前納保険料の金額、剰余金の分配額等がある場合にはこれらの金額を加算し、解約返戻金の額につき源泉徴収されるべき所得税の額に相当する金額がある場合には当該金額を減算した金額）によって評価する。

（注）　1　本項の「生命保険契約」とは、相続税法第3条（（相続又は遺贈により取得したものとみなす場合））第1項第1号に規定する生命保険契約をいい、当該生命保険契約には一定期間内に保険事故が発生しなかった場合において返還金その他これに準ずるものの支払がない生命保険契約は含まれないのであるから留意する。

　　　　2　被相続人が生命保険契約の契約者である場合において、当該生命保険契約の契約者に対する貸付金若しくは保険料の振替貸付けに係る貸付金又は未払込保険料の額（いずれもその元利合計金額とする。）があるときは、当該契約者貸付金等の額について相続税法第13条（（債務控除））の適用があるのであるから留意する。

●本来の相続財産とみなし相続財産

```
─【契約①】─────────
保険料負担者＝父
　契約者＝父
　被保険者＝子
　死亡保険金受取人＝父
────────────────
```

```
─【契約②】─────────
保険料負担者＝父
　契約者＝子
　被保険者＝子
　死亡保険金受取人＝父
────────────────
```

　この契約形態だと、父親が亡くなったとしても、保険事故は発生しない。だが、保険料負担者が死亡したため、その生命保険契約に関する権利が相続税の対象となる。

　両方とも保険料負担者は父親であるが、契約者が父親である契約①の場合には「本来の相続財産」として、契約者が子供である契約②の場合には「みなし相続財産」として相続税の対象となるのだが、どう違うのだろう。

　「本来の相続財産」となれば、これは他の相続財産と共に遺産分割の対象となる。つまり、この保険契約を誰が相続するのかは、相続人間の話し合いにより決められる。しかし、②の契約形態によればこの契約の権利は、保険料負担者である父親から契約者である子供が相続により取得したものとみなされる（相法3①三）。

　そこで、今ここに5,000万円の現金があったとする。これが現金（預金）のままで相続が発生すると、「これを長男に相続させたい」と被相続人が生前考えていても、遺言によって定められている場合を除き、確実なものとはならない。

　ところが、契約者を長男として②の契約形態により、一時払保険料5,000万円の終身保険に加入していたらどうだろうか。この場合は、税法の規定により長男がこの保険契約の権利を相続により取得したものとみなされ、被相続人の遺志が反映される。

　さらに、もう少し考えてみよう。相続対策のひとつとしてよく言われるものに「一代飛び越し」効果がある。通常の相続は「親→子→孫」という流れで起こるものだが、これにより親の財産は2度の相続税課税を受けて大きく減ってしまうことになる。そこで「親→孫」と財産を移すことで課税を1回減らそうというのが「一代飛び越し」だ。

　これは生前贈与や遺言によって実行されることが多いが、ここでも契約②が利用できる。契約者を孫として契約すれば、保険料負担者である被相続人が死亡した時点で、契約の権利は契約者である孫が「遺贈」により取得したものとみなされる。ただし、一般に孫は1親等の血族ではないから、相続税の2割加算の対象となる。どちらが有利かを考慮しなければならない。

　なお、国税庁のホームページの「相続税の申告書作成時の誤りやすい事例集」においては、「生命保険契約に関する権利」が挙げられている。税務調査において申告モレとの指摘を受けることのないよう注意が必要だ。

18 年金受給権の権利の評価 (相続税法第24条)

個人が個人年金保険の受給権（年金給付中または年金支給が開始されるもの）を取得した場合、その受給権が相続税や贈与税の対象となるときは、相続税法第24条（定期金に関する権利の評価—給付事由が発生しているもの）によりその受給権が評価され、課税されることとなる。

年金の受給権が相続税や贈与税の対象となるケースは、次のような場合が考えられる。

①年金の支払いが開始されたときに年金受取人と保険料負担者が異なっている場合、保険料負担者から年金受取人へ年金に関する権利が贈与されたことになる。

②確定年金や保証期間付年金の年金支払開始後に年金受取人（保険料負担者）が死亡すると、その受給権が継続受取人へ相続または遺贈されることになる。

③確定年金や保証期間付年金の年金支払開始後に年金受取人（保険料を負担していない）が死亡、その受給権が保険料負担者でない継続年金受取人へ受けつがれると、保険料負担者から継続年金受取人へ贈与されたことになる（相法6③）。

④死亡保険金（または死亡給付金）が年金で支払われる生命保険契約の場合、被相続人が保険料を負担、その死亡により年金の給付事由が発生すると、その受給権は相続または遺贈により引き継がれる。

これらの場合、相続税または贈与税の課税対象となる年金受給権の評価は、年金の種類により、次のように評価される。

A **確定年金**（生死に関係なく年金の支給予定期間中、年金を支払うもの）（相法24①一）

次の①〜③のいずれか多い金額

① 解約返戻金の金額

② 定期金に代えて一時金の給付を受けることができる場合には、当該一時金の金額

③ 〔給付を受けるべき金額の1年当たりの平均額〕 × 〔残存期間に応ずる予定利率による複利年金現価率〕

B **終身年金**（生存している限り年金を支払うもの）（相法24①三）

次の①〜③のいずれか多い金額

① 解約返戻金の金額

② 定期金に代えて一時金の給付を受けることができる場合には、当該一時金の金額

③ 〔給付を受けるべき金額の1年当たりの平均額〕 × 〔被保険者の平均余命に応ずる予定利率による複利年金現価率〕

C 有期年金 （生存を条件に一定期間、年金を支払うもの）（相法24③）

確定年金として算出した金額と終身年金として算出した金額のいずれか少ない金額

D 保証期間付終身年金 （被保険者の生存中年金を支給するほか、保証期間内に年金受取人が死亡したときはその死亡後においても保証期間終了まで継続年金受取人に年金支給を継続するもの）（相法24④）

保証期間を確定年金期間として算出した金額と終身年金として算出した金額のいずれか多い金額

E 保証期間付有期年金 （生存を条件に一定期間年金を支給するほか、保証期間内に年金受取人が死亡したときはその死亡後においても保証期間終了まで継続年金受取人に年金支給を継続するもの）

「年金支払期間を確定年金期間として算出した金額と終身年金として算出した金額のいずれか少ない金額」と「保証期間を確定年金期間として算出した金額」のいずれか多い金額

●年金の支払いに代えて一時金で取得した場合の評価

相続税法第24条により評価される年金受給権を取得した場合であっても、その年金の支払いにかえて一時金でこれを取得したときは、その一時金の額により評価することになっている（相基通24－3）。

■個人年金保険で年金受給権が相続税・贈与税の課税対象となる場合

1. 積立（運用）期間中に被保険者が亡くなり、死亡給付金を年金で受け取る
   - 年金受給権が相続税の課税対象に
   - 生命保険金の非課税規定（500万円×法定相続人の数）が適用できる

2. 保険料負担者≠年金受取人の場合、年金受取が開始すると
   - 年金支払開始時に年金受給権が贈与税の課税対象に
   - 要件を満たせば、相続時精算課税制度（特別控除額2,500万円）の利用も

3. 年金受取開始後に年金受取人（＝保険料負担者）が死亡すると
   - 継続年金受取人が年金受給権を相続
   - 生命保険金の非課税規定（500万円×法定相続人の数）は適用できない

●年金受給権を相続または贈与により取得した後の課税は…

　年金で受け取る場合は「雑所得」（相続等保険年金）、年金を受け取った後に将来の年金給付の総額に代えて一時金で受け取る場合は「一時所得」として課税される。それまでに払い込まれた保険料は、相続または贈与を受けた者が支払ったものとされる。

【変額個人年金の場合】

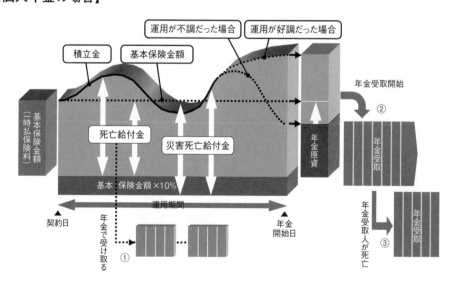

19　相続時精算課税制度

　相続時精算課税制度は、高齢化の進展等を踏まえ、高齢者の保有する資産を次世代に円滑に移転させる観点から、平成15年度税制改正により設けられた。そういった意味で、贈与を抑制しようとする暦年贈与課税制度（以下、暦年課税制度）の基礎控除額110万円、最高税率50％であるのに対し、相続時精算課税制度の特別控除額は2,500万円と高額で、しかもこれを超える部分は一律20％課税となっている。ただし、相続時には制度適用のすべての贈与財産を相続財産に合算して相続税額を計算しなければならず、もともと相続税がかかる資産家にとっては厳密には相続税の減額とならないため、制度適用の際には十分考慮する必要がある。

　この制度は、平成15年1月1日以後の相続または贈与から適用されているが、平成25年度税制改正により、受贈者に20歳以上の孫が追加されるとともに、贈与者の年齢要件が60歳以上に引き下げられた。

　また、令和5年度税制改正により令和6年1月1日以後の贈与から基礎控除110万円が創設された。

　適用対象者、手続き、税額の計算等、制度の概要は以下のとおり。

●制度の概要

　相続時精算課税制度は、生前贈与について受贈者がこの制度を選択することにより、通算2,500万円を超える贈与財産（基礎控除を適用後）に対する贈与税20％を支払い、その後の相続時にその贈与財産の合計額と相続財産とを合算した価額を基に計算にした相続税額から、すでに支払った同制度の贈与税を控除することにより贈与税・相続税を通じた納税を行なうものである。

　なお、この制度を選択しない場合は、基礎控除110万円とする贈与税計算を行なう（暦年課税制度）こととし、相続開始前3年以内の贈与を除き、相続時に改めて相続財産と合算することはない。

（1）適用対象者

　適用対象となる贈与者は60歳以上で、受贈者は18歳以上の子である推定相続人（代襲相続人を含む）および孫となっている。

　(注) 民法（成年年齢）改正により、令和4年4月1日以後の贈与については18歳以上となった。

（2）適用手続き

相続時精算課税制度の選択を行なおうとする子・孫（受贈者）は、原則として、選択した場合の最初の贈与を受けた年の翌年2月1日から3月15日までの間に、所轄の税務署長に対してその旨の届出を贈与税の申告書に添付する。これにより相続時までこの制度は継続して適用されることとなる。

贈与	贈与税の申告書にその旨 の届出を添付し手続き	親の死亡
当年	翌年2月1日～3月15日	以降は継続して適用

（3）適用対象財産等

贈与財産の種類や金額、贈与回数には、制限はない。

● 税額の計算

（1）贈与税の計算

相続時精算課税制度を選択した子（受贈者）は、この制度の選択対象となる親（贈与者）からの贈与財産について贈与時に申告を行ない、他の贈与財産（もう一方の親からの相続時精算課税制度適用分、暦年課税制度適用分）と区分して、その親からの贈与財産の価額の合計額を基にした贈与税を納めることとなる。

その贈与税の額は、選択をした年以後については、対象となる親からの贈与財産の価額（基礎控除を適用後）の合計額から、複数年にわたり利用できる2,500万円（特別控除。累積限度額）を控除した後の金額に、一律20％の税率を乗じて算出することとなる。

また、相続時精算課税制度を受けている子が制度を適用しない者から贈与を受けた場合には、その贈与を受けた翌年2月1日から3月15日の間に、その贈与財産の価額の合計額から基礎控除額110万円を控除し、贈与税の税率を乗じて贈与税額を算出（暦年課税制度）することとなる。

※相続時精算課税制度をまったく選択していない者は、暦年課税制度により贈与税額を計算する。

【設例1】子Aは父親からの贈与について相続時精算課税制度を選択、母親については選択しなかった。令和3年に父親から1,000万円、母親から200万円、4年に父親から1,000万円、母親から200万円、5年に父親から1,000万円、母親から200万円の贈与を受けた場合の各年の贈与税額はいくらになるか。

1．令和3年分の贈与税

・父親からの1,000万円：申告は行なうが特別控除額（2,500万円）内なので <u>0</u>

　　　・母親からの200万円：（200万円－110万円）×10％＝ <u>9万円</u>
　　2．令和4年分の贈与税
　　　・父親からの1,000万円：申告は行なうが特別控除額（2,500万円－1,000万円（令和3年分の特別控除額））内なので <u>0</u>
　　　・母親からの200万円：（200万円－110万円）×10％＝ <u>9万円</u>
　　3　令和5年分の贈与税
　　　・父親からの1,000万円：特別控除額（2,500万円－2,000万円（令和3年、4年分の特別控除額））を超えるので、（1,000万円－500万円）×20％＝ <u>100万円</u>
　　　・母親からの200万円：（200万円－110万円）×10％＝ <u>9万円</u>
　　したがって、令和5年分の納税額は <u>109万円</u> となる。

（2）相続税額の計算

　相続時精算課税制度を利用した親の相続時に、その親からこの制度に基づいてそれまで受けた贈与財産と相続財産とを合算した額を基として計算した相続税額から、この制度に基づいてすでに支払った贈与税額相当額を控除する。これが納税額となる。

　相続税額よりも差し引くべき贈与税相当額が多い場合は、控除しきれない金額の還付を受けることができる。

　なお、相続財産と合算する贈与財産の価額は、「贈与時の時価」となる。

　　※相続時精算課税制度をまったく選択していない者は、相続開始前7年（最長）以内の贈与財産について相続財産に加算することとなる。その場合、相続税額計算において差し引くべき贈与税額があればこれを相続税額から控除するが、相続税額を超過する部分について還付はない。

【設例2】子Aは父親からの贈与について相続時精算課税制度を選択し、これまで合計5,000万円の贈与を受けている。その父親が相続財産1億円を残して亡くなった。この場合の納税額はいくらか。なお、相続人は母親と子Aの2人で、贈与された分を含め法定相続分どおり相続したとする。
　　1．子Aがすでに支払った贈与税額
　　　（5,000万円－2,500万円）×20％＝500万円
　　2．相続税の計算の基となる財産の額
　　　5,000万円＋1億円＝1億5,000万円
　　3．1億5,000万円にかかる相続税額
　　　①課税される遺産額
　　　　1億5,000万円－（3,000万円＋600万円×2人）＝10,800万円

②相続税の総額

　母親：10,800万円×1／2＝5,400万円×30％−700万円＝920万円

　子Ａ：10,800万円×1／2＝5,400万円×30％−700万円＝920万円

　　　　　　　　　　　　　　　　　　　　　　　　　合計1,840万円

③各人の相続税額

　母親：1,840万円×7,500万円／１億5,000万円＝920万円

　　　　母親は配偶者の税額軽減により、税額は０。

　子Ａ：1,840万円×7,500万円／１億5,000万円＝920万円

④納める税額

　920万円（上記計算による子Ａの相続税額）−500万円（すでに支払った贈与税相当額）

　　　　　　　　　　　　　　　　　　　　　　　　　　　＝420万円

以上、相続時精算課税制度を図で示すと次のようになる。

相続時精算課税制度の概要図

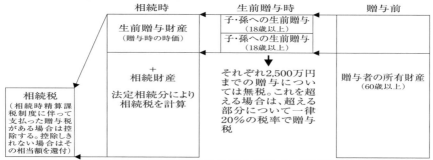

（注）受贈者である子・孫は、それぞれ、贈与者である父、母（祖父・祖母）ごとに相続時精算課税を選択。同制度を
　　　選択しない者からの贈与については、暦年課税により贈与税を計算する。

● **相続時精算課税制度は相続税のかからない人に効果大**

　相続時精算課税制度では、2,500万円の特別控除が設けられていることから、一見多額の無税贈与が可能となり、相続税額も軽減されるのではないかという期待が生じる。しかし、相続時を含めた税額軽減を目的とする場合には留意しておくべき点がある。それは、この制度では相続時に改めてそれらの生前贈与財産を加算して相続税を算出することから、もともと多額の相続税が課せられる大資産家にとっては一般に税軽減効果は期待しにくいといったことである。

　ただし、相続時に合算される贈与財産は贈与時の時価とされることから、贈与した財産の価値が相続発生時に必ず上がっているものであれば、その差額についての税軽減効果が生まれることになる。

　いずれにしても、もともと相当の相続税がかかるケースでは、相続時に生前贈与された

　財産がすべて費消されて残っていなければ、その納税資金をどうするのかといった問題もあり、活用には十分な検討が必要である。

　一方、もともと相続税のかからない人や、相続税がかかるとしても少額の人は、この制度のメリットを存分に受けることができる。例えば、父、母、子供2人という家族構成で、4,800万円の財産を所有する父が子供2人（成人）にそれぞれ2,000万円をまとめて贈与するとしよう。この制度を利用しない場合、暦年課税が適用され、その贈与税額はそれぞれ585.5万円の計1,171万円となる。一方、この精算課税制度を利用した場合の贈与税はゼロ。相続時にはこれらの贈与財産を含めて相続税を計算することとなるが、遺産に係る基礎控除額が4,800万円（3,000万円＋600万円×3人）のため、相続税はかからない。つまり、相続税と合わせても無税での生前贈与が可能となるわけだ。4,800万円の所有財産で2,000万円ずつの生前贈与は極端であるとしても、まとまった財産を贈与する場合は大いに恩恵を受けることができる。

　また、多少の相続税を納めなければならない場合、例えば上記の家族構成で父の所有財産が1億5,000万円であるケースでも、相続税額は748万円であり、生前に無税で2,500万円ずつ贈与したとしても、子供1人あたり374万円の相続税負担だけで済む。相続税負担が比較的軽く、生前に少しまとまった資金等を子供等に渡しておきたいという人には十分活用できる制度である。

● 争続の防止にも

　この制度は、相続時の遺産分割においても、事前にある程度の財産分与（生前贈与）をしておくことによって争続を防ぐことができる点でもメリットがある。

20	相続により取得した自社株の買い取り（金庫株）

●買い取り資金を生命保険で準備

　非上場会社の経営者が亡くなると、所有していた自社株の評価額が高いために相続税が高額化し、事業承継が困難になるという場合が多い。その問題点は、自社株が簡単に売却できないという換金性の乏しさにあった。

　平成13年10月の商法改正により、法人が相続人など（特定株主）から自社株を買い取ることについて、原則、取得禁止から、事由の如何にかかわらず自由に取得して保有・処分・消却することが認められるようになり（金庫株の解禁）、自社株の買い取りがしやすくなった。

　その後、平成16年度税制改正により、金庫株の取扱いに関して大幅な減税が行われた。

　さらに、平成18年5月1日から新しく会社法が施行され、金庫株の取扱いも改正されて制度がより使いやすくなり、税制面でも大幅な改正が行われ、現在に至っている。

　この自社株買い取りによる事業承継対策の資金準備策として、法人契約の生命保険が活用できる。

●取得財源規制範囲内なら自由に取得、保有

（1）自社株買い取りの概要

　同族会社で、典型的な金庫株となる自社株としては、次のものが挙げられる。

　①被相続人で会社のオーナーの自社株を相続した相続人が納税資金のない場合の相続株

　②兄弟などの一族で会社を立ち上げ、経営に携わっていない兄弟が所有している自社株

　③創業者である親から相続した兄弟姉妹所有の自社株

　④共同経営者などが所有している自社株

　法人が相続人などから金庫株を買い取る場合（相対取引）の概要は、次表のようになる。

取得目的	特定株主（相続人など）から自社株を買い取る（相対取引）
決議方法	特定株主から買い取る時は株主総会の特別決議（総会に過半数の出席で、出席者の3分の2以上の決議）
決議事項	①　特定株主から自社株を買い取ること ②　取得株式の種類・総数・取得価額の総額の上限
取得保有株数の上限	上限なし
取得財源	剰余金の分配可能額（その他資本剰余金＋その他利益剰余金－自己株式） ※ただし、純資産額が300万円未満の場合は、自己株式を有償取得することはできない。
保有期間	制限なし

（2）税務上の取り扱い

　原則として、個人、法人とも「みなし配当課税」「譲渡益課税」が課税されるが、平成16年度改正により、相続により取得した自社株を発行会社に譲渡した場合にはみなし配当課税を行わないとする特例が設けられた。なお、法人の自社株の取得および保有等は、税務上「資本等取引」として処理することとなる。

●会社を契約者、オーナー等を被保険者として生命保険に加入

　金庫株の活用による事業承継対策では、相続人の自社株を会社が買い取ることによって、相続人は相続税の納税資金を確保できる。また、会社が買い取った自社株には議決権がないため、後継者の経営権も脅かされることはない。こういったことから、事業承継対策として大いに活用できる。

　しかしその一方で、会社が自社株を買い取るにあたってその買取資金がなければどうすることもできないといった問題がある。ましてや現況のように資金の貸し渋りやオーナー等の死亡により会社の信用が揺らぐ中では、資金を新たに借り入れるのもままならない。そこで、会社を契約者、オーナー等を被保険者とする生命保険に加入することによって、その資金準備をしておく方法が考えられる。

　わが国の中小企業は、経営上の意思決定を迅速化し、安定的な経営を行なうため、経営者とその同族関係者で株式（議決権）の大半を保有している同族経営の会社が多数を占めている。こうした中小同族会社の経営者の死亡等に伴う事業の承継に際しては、経営資源としての議決権株式の分散を防止し、安定的な経営の継続を確保することが重要となる。

　さらに、少子・高齢社会の到来等により中小企業の経営者の高齢化が進み、事業承継を理由とした廃業が毎年数万社にのぼり、それにより失われる雇用が毎年20〜30万人との推計もあり、事業経営を次世代に円滑に承継できる環境の整備が重要な政策課題として認識されるようになった。

　特に、中小事業の事業承継については、その資産価値等に応じて株式の評価が高額となり、株式以外の資産がほとんどない場合でも多額の相続税の納税が必要となることも少なくなかった。後継者がそれを避けるために株式を分散して相続すると、安定的な事業の継続に支障をきたすことも多くなってしまうという問題があった。

　そこで、計画的な事業承継を促進し、株式の集中による安定的な事業の継続を図るとの基本的な考え方に基づいた中小企業の事業承継の円滑化のため、金融支援措置や遺留分の民法特例の創設を含む「中小企業における経営の承継の円滑化に関する法律」（平成20年5月9日成立、10月1日施行。以下「経営承継円滑化法」。）が制定された。

　そして、平成21年度税制改正で「非上場株式等に係る相続税・贈与税の納税猶予」の制度（事業承継税制）が創設された。しかし、その後、適用要件の緩和等の改正が行なわれてきたが、その適用件数は相続税・贈与税合わせて年間500件程度（平成27年）にとどまっていた。

　一方で、中小企業の経営者の高齢化はさらに進展しており、中小企業庁によれば、令和7年頃までの10年間に平均引退年齢の70歳を超える中小企業・小規模事業者の経営者は約245万人に達する見込みで、このうち約半数の127万人が後継者未定と考えられている。この現状を放置すれば、中小企業等の廃業の急増により、10年間で約650万人の雇用と約22兆円のGDPが失われる可能性があるとされた。

　事業承継の問題は、単なる企業の後継ぎの問題ではなく、日本経済全体の問題であるとの認識のもと、中小企業の円滑な世代交代を集中的に促進し生産性向上に資する観点から、事業承継税制についても、抜本的に拡充することが必要とされ、平成30年度税制改正によ

り、10年間の贈与・相続に適用される時限措置として、事業承継税制の特例措置が創設された。

　具体的には、

・猶予対象株式の制限撤廃により、贈与・相続時の納税負担が生じない制度に
・複数名からの承継や、最大3名の後継者に対する承継にも対象が拡大
・雇用確保要件については、承継後5年間で平均8割の雇用を維持できなかった場合でも、その理由を都道府県に報告した上で、一定の場合には、猶予が継続

　なお、この新しい事業承継税制は、この10年間で中小企業の世代交代を集中的に促進するために創設されたものであり、新たに事業承継をする者（非上場株式等の贈与等を受ける者）が適用対象となる。したがって、既に改正前の制度（一般措置）の適用を受けた者（既に非上場株式等の贈与等を受けた者）については、事業承継は終わっていることから、この特例制度の適用を受けることはできないとされている。

1．非上場株式等に係る贈与税・相続税の納税猶予の特例措置

　特例後継者が、特例認定承継会社の代表権を有していた者から、贈与又は相続若しくは遺贈（贈与等）により特例認定承継会社の非上場株式を取得した場合には、その取得した全ての非上場株式に係る課税価格に対応する贈与税又は相続税の全額について、その特例後継者の死亡の日等までその納税を猶予する。

　（注）　上記の改正は、平成30年1月1日から令和9年12月31日までの間に贈与等により取得する財産に係る贈与税又は相続税について適用する。

　※税制の適用を受けるには、平成30年4月1日から6年以内に特例承継計画を都道府県に提出し、令和9年12月31日までに承継を行う必要がある。

　国税庁はパンフレット等において、従来からある制度は「一般措置」、新しい制度は「特例措置」と称している。主な違いは、以下のとおり。

「一般措置」と「特例措置」との比較

	一般措置	特例措置
事前の契約策定等	不要	5年以内の特例事業承継計画の提出 （平成30.4.1～令和6.3.31）
適用期限	なし	10年以内の贈与・相続等 （平成30.1.1～令和9.12.31）
対象株数	株式総数の2/3まで	全株式
納税猶予割合	贈与100%、相続80%	100%
承継パターン	1人の先代経営者から1人の後継者 ※平成30年改正後は、複数の株主から1人の後継者	複数の株主から最大3人の後継者
雇用確保要件	承継後5年間平均で8割の雇用維持が必要	弾力化
事業の継続が困難な事由が生じた場合の免除	なし	あり
相続時精算課税の適用	60歳以上の者から18歳以上の推定相続人・孫への贈与	60歳以上の者から18歳以上の者への贈与

（注）令和4年4月1日以後の贈与については、18歳以上。

2．特例措置の利用にあたって

　上記のように事業承継税制を活用して中小企業の事業承継を推進するために、これまで利用にあたって課題とされていた点について思い切った改正が行なわれた。そういう意味では、使える制度になったといえる。

　10年間に計画的に利用するとなれば、やはり贈与税の特例措置を使うことが一般的と思われるが、贈与税の納税猶予が継続されている間に先代経営者が死亡した場合には、納税猶予されていた贈与税は免除となるが、適用を受けた非上場株式等は、相続又は遺贈により取得したものとみなして、贈与時の価額により他の相続財産と合算して相続税を計算することになる（一般措置も同様）。

　なお、その際に、一定の要件を満たす場合には、その非上場株式等については創設された「非上場株式等の特例贈与者が死亡した場合の相続税の課税の特例及び相続税の納税猶予制度」の適用を受けることができる。つまり、贈与税の納税猶予制度から相続税の納税猶予制度に切替えて、納税猶予を継続して受けることができることになる。

　なお、特例措置の適用を受けた場合には、先代経営者の死亡が令和9年以後であったとしても、特例措置による納税猶予が適用されることになっている。

贈与税の納税猶予制度から相続税の納税猶予制度への切替え

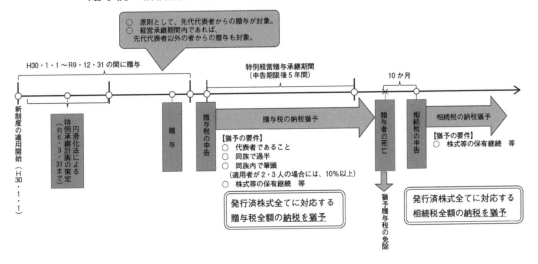

３．事業承継のための生命保険活用

　事業承継時の課題としてトップに挙げられるのが「自社株式に係る相続税・贈与税の負担」だったが、創設された特例措置により解決が図れる。しかし、特例措置が適用できない中小企業にとっては大きな課題であることは変わらない。

　その他にも、「借入金・債務保証の引継ぎ」「親族間の調整（相続人間の不公平）」「遺留分」なども中小同族会社の事業承継にとっては、大きな問題となる。

　すでにこの章において解説してきたとおり、これらの問題に対して、生命保険の活用は有効である。

22 教育資金の一括贈与に係る贈与税の非課税措置

1．背景

　扶養義務者間（親子間等）で必要のつど支払われる教育資金は贈与税非課税であるが、教育については将来にわたり多額の資金が必要であり、一括贈与のニーズも高い。高齢者世代の保有する資産の若い世代への移転を促進することにより、子どもの教育資金の確保に苦心する子育て世代を支援し、経済活性化に寄与することを期待する。

2．概要

　祖父母等（贈与者）は、子・孫（受贈者）名義の金融機関（信託会社（信託銀行を含む。））、銀行及び金融商品取引業者（第一種金融商品取引業を行なうもの）の口座等に、教育資金を一括して拠出。この資金については、子・孫ごとに1,500万円（学校等以外に支払われるものについては500万円を限度）を非課税とする。

3．教育資金とは

文部科学大臣が定める次の金銭をいう。

ア．学校等に対して直接支払われる次のような金銭

　① 　入学金、授業料、入園料、保育料、施設設備費又は入学（園）試験の検定料など

　② 　学用品費、修学旅行費、学校給食費など学校等における教育に伴って必要な費用など

＜「学校等」とは＞

・学校教育法上の幼稚園、小・中学校、高等学校、大学（院）、専修学校、各種学校

・外国の教育施設

　〔外国にあるもの〕その国の学校教育制度に位置づけられている学校、日本人学校、私立在外教育施設

　〔国内にあるもの〕インターナショナルスクール（国際的な認証機関に認証されたもの）、外国人学校（文部科学大臣が高校相当として指定したもの）、外国大学の日本校、国際連合大学

・認定こども園又は保育所 など

イ．学校等以外に対して直接支払われる次のような金銭で社会通念上相当と認められる
　もの
　　＜役務提供又は指導を行う者（学習塾や水泳教室など）に直接支払われるもの＞
　③　教育（学習塾、そろばんなど）に関する役務の提供の対価や施設の使用料など
　④　スポーツ（水泳、野球など）又は文化芸術に関する活動（ピアノ、絵画など）その他
　　教養の向上のための活動に係る指導への対価など
　⑤　③の役務提供又は④の指導で使用する物品の購入に要する金銭
　　＜上記以外（物品の販売店など）に支払われるもの＞
　⑥　②に充てるための金銭であって、学校等が必要と認めたもの
　⑦　通学定期券代、留学のための渡航費などの交通費
　（注）　令和元年7月1日以後に支払われる上記③〜⑤の金銭で、受贈者が23歳に達した日の翌日以
　　　後に支払われるものについては、教育訓練給付金の支給対象となる教育訓練を受講するための
　　　費用に限る。

4．適用
　平成25年4月1日から令和8年12月31日までの間に拠出されるものに限る。

5．申告
　受贈者は、特例の適用を受けようとする旨等を記載した「教育資金非課税申告書」を金
融機関を経由し、受贈者の納税地の所轄税務署長に提出しなければならない。

6．払出しの確認等
　受贈者は、払い出した金銭を教育資金の支払いに充当したことを証する書類を金融機関
に提出しなければならない。金融機関は、提出された書類により払い出された金銭が教育
資金に充当されたことを確認し、その確認した金額を記録するとともに、当該書類及び記
録を受贈者が30歳に達した日の翌年3月15日後6年を経過する日まで保存しなければなら
ない。
　※教育資金の受取方法は、①教育資金を立替払した後に支払を受ける方法と、②それ以
　　外の方法（口座から金銭を払いだした後に教育資金の支払をする方法など）のいずれか
　　を選択するものとして、以後、受取方法を変更することはできない。

●教育資金の一括贈与に係る贈与税の非課税措置の概要

受贈者の年齢	30歳未満
贈与者	直系尊属（曾祖父母・祖父母・父母等）
非課税金額	受贈者1人につき1,500万円（学校等以外は500万円）
拠出方法	信託銀行等の金融機関へ信託等を行う
拠出できる期間	平成25年4月1日から令和8年12月31日までに拠出されるもの
払い出しの確認等	教育資金の支払いに充当したことを証する書類を信託銀行等の金融機関に提出
届出書	「教育資金非課税申告書」を信託銀行等の金融機関を経由して、税務署長へ提出
終了時	①受贈者が30歳に達した場合：管理残額（非課税拠出額－教育資金支出額）について30歳に達した時に贈与税が課税される場合がある ②受贈者が死亡した場合：贈与税は課さない

【贈与者の死亡】

1．贈与者（被相続人）から相続（遺贈）により管理残額以外の財産を取得しなかった受贈者については、相続開始前3年以内に被相続人から暦年贈与に係る贈与によって取得した財産の相続税の課税価格への加算の規定（相続税法第19条）の適用はない。

　※死亡保険金等や死亡退職金等のみなし相続（遺贈）財産を取得している場合には、その受贈者は、贈与者から相続（遺贈）により管理残額以外の財産を取得しなかった受贈者には当たらないので注意が必要。

2．その死亡前3年以内に、受贈者が平成31年4月1日以後にその贈与者から取得した信託受益権等についてこの非課税制度の適用を受けたことがあるときは、贈与者が死亡した旨の金融機関等の営業所等への届出が必要となり、原則として、管理残額が相続等によって取得したものとみなされる。

　　ただし、受贈者が贈与者の死亡日において、①23歳未満である場合、②学校等に在学している場合又は③教育訓練給付金の支給対象となる教育訓練を受けている場合は、相続等によって取得したものとはみなされない。

　（注）令和3年4月1日以後に取得する信託受益権等については、「その死亡前3年以内

に」ではなく「その死亡の日までの年数にかかわらず」となる。

3．令和3年4月1日以後に取得する信託受益権等については、上記により相続等により取得したものとみなされる管理残額について、贈与者の子以外の直系卑属に相続税が課税される場合は、相続税額の2割加算の対象となる。

【暦年課税制度および相続時精算課税制度との併用】

　教育資金の一括贈与は、1,500万円までに相当する部分の価額については、贈与税の課税価格に算入されないと規定しており、暦年課税や相続時精算課税制度とは切り離して適用が可能となる。

　過年分において、相続時精算課税制度を受けていた者が特定贈与者から教育資金の一括贈与を受けた場合でも、非課税とされた部分は相続時精算課税制度に係る課税価格に算入されない。

23 平成25年度税制改正における相続税・贈与税の主な改正点

　相続税については、地価が大幅に下落する中においても、バブル期の地価上昇に対応した基礎控除や税率構造の水準が据え置かれてきた結果、課税割合が低下する等、富の再分配機能が低下している状況を受けて、課税ベースの拡大と税率構造の見直しを行なうとし、平成27年から、相続税の基礎控除を6割に引き下げるとともに、最高税率を55％に引き上げる等、税率構造の見直しを行なった。その際、個人の土地所有者の居住や事業の継続に配慮する観点から、小規模宅地等についての相続税の課税価格の計算の特例について、居住用宅地の限度面積を拡大するとともに、居住用宅地と事業用宅地の完全併用を可能とする等の拡充を行なった。

　また、贈与税については、最高税率を相続税に合わせる一方で、高齢者の保有する資産を現役世代により早期に移転させ、その有効活用を通じて「成長と富の創出の好循環」につなげるため、子や孫等が受贈者となる場合の贈与税の税率構造を緩和する等の見直しを行うとともに、相続時精算課税制度について、贈与者の年齢要件の引き下げ、受贈者の範囲の拡充を行なった。

　改正項目の大部分は平成27年1月1日以後の相続等から適用されている。

《参考》相続税の課税割合の推移

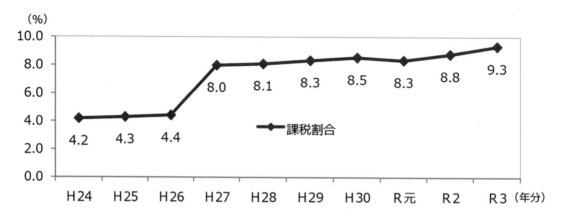

主な改正項目は次のとおり。

改正項目	適用
○相続税の基礎控除及び税率構造の見直し ・「5,000万円＋1,000万円×法定相続人数」である基礎控除を「3,000万円＋600万円×法定相続人数」へ引き下げ。 ・最高税率を55％に引き上げるなど税率構造を見直し。	平成27年1月1日以後の相続又は遺贈により取得する財産に係る相続税に適用
○未成年者控除及び障害者控除の引き上げ 相続税額に係る未成年者控除（改正前6万円×20歳に達するまでの年数）及び障害者控除（改正前6万円×85歳に達するまでの年数）について、1年当たりの控除額を10万円に引き上げ。	
○暦年課税に係る贈与税の税率構造の見直し 最高税率を55％に引き上げるなど税率構造を見直し、直系卑属（20歳以上）を受贈者とする場合の贈与税の税率構造を緩和。	平成27年1月1日以後の贈与により取得する財産に係る贈与税について適用
○相続時精算課税制度の適用要件の見直し ・受贈者に20歳以上の孫（改正前 推定相続人のみ）を追加。 ・贈与者の年齢要件を60歳以上（改正前 65歳以上）に引き下げ。	
○小規模宅地等についての相続税の課税価格の計算の特例の見直し 特定居住用宅地等に係る特例の適用対象面積を330㎡（改正前240㎡）に拡充。 など	平成27年1月1日以後（一部の改正は平成26年1月1日以後）に相続又は遺贈により取得する財産に係る相続税について適用
○教育資金の一括贈与に係る贈与税の非課税措置の創設 受贈者（30歳未満の者に限る。）の教育資金に充てるためにその直系尊属が金銭等を拠出し、金融機関等に信託等をした場合には、受贈者1人につき1,500万円（学校等以外の者に支払われる金銭については、500万円を限度とする。）までの金額に相当する部分の価額については、贈与税を課さない。	平成25年4月1日から平成27年12月31日まで（令和3年度改正により令和5年3月31日まで延長）の間に拠出されるものに適用
○非上場株式等に係る相続税・贈与税の納税猶予制度の見直し ・経営承継人等の要件のうち、非上場会社を経営していた被相続人の親族であることとする要件を撤廃。 ・納税猶予の取消事由に係る雇用確保要件について、経済産業大臣の認定の有効期間（5年間）における常時使用従業員数の平均が、相続開始時又は贈与時における常時使用従業員数の80％を下回ることとなった場合に緩和。 など	所要の経過措置を講じた上、平成27年1月1日以後に相続若しくは遺贈又は贈与により取得する財産に係る相続税又は贈与税について適用

1．相続税の基礎控除及び税率構造の見直し

相続税の基礎控除について、「5,000万円＋1,000万円×法定相続人数」を「3,000万円＋600万円×法定相続人数」に引き下げるとともに、最高税率を55％に引き上げる等、税率構造を見直した。

① 相続税の基礎控除

	改正前	改正後
定額控除	5,000万円	3,000万円
法定相続人比例控除	1,000万円×法定相続人の数	600万円×法定相続人の数

② 相続税の税率構造

最高税率55％へ引き上げ、税率構造6区分から8区分へ

改正前	税率	改正後
1,000万円以下	10％	1,000万円以下
3,000万円以下	15％	3,000万円以下
5,000万円以下	20％	5,000万円以下
1億円以下	30％	1億円以下
3億円以下	40％	2億円以下
－	45％	3億円以下
3億円　超	50％	6億円以下
－	55％	6億円　超

《参考》【改正後の相続税額速算表】

法定相続人の取得金額	税率	速算控除額
1,000万円以下	10％	－
1,000万円超3,000万円以下	15％	50万円
3,000万円超5,000万円以下	20％	200万円
5,000万円超1億円以下	30％	700万円
1億円超2億円以下	40％	1,700万円
2億円超3億円以下	45％	2,700万円
3億円超6億円以下	50％	4,200万円
6億円超	55％	7,200万円

２．未成年者控除及び障害者控除の引き上げ

①　未成年者控除

	改正前	改正後
20歳までの1年につき	6万円	10万円

②　障害者控除

	改正前	改正後
85歳までの1年につき	6万円 （特別障害者については 12万円）	10万円 （特別障害者については 20万円）

(注)　上記1及び2の改正は、平成27年1月1日以後の相続又は遺贈により取得する財産に係る
　　相続税について適用する。

【相続税額の比較（配偶者は法定相続分を相続するものと仮定）】

（単位：万円）

課税価格	配偶者と子2人			子2人		
	改正前	改正後	増税額	改正前	改正後	増税額
5,000万円	0	10	10	0	80	80
1億円	100	315	215	350	770	420
3億円	2,300	2,860	560	5,800	6,920	1,120
5億円	5,850	6,555	705	13,800	15,210	1,410
10億円	16,650	17,810	1,160	37,100	39,500	2,400
20億円	40,950	43,440	2,490	87,100	93,290	6,190

3．相続時精算課税制度の対象とならない贈与財産に係る贈与税の税率構造の見直し

　最高税率を55％へ引き上げ、税率構造を6区分から8区分へ変更し、直系卑属（20歳以上）への贈与の税率構造を緩和。

改正前	税率	改正後	
		20歳以上の者が直系尊属から受けた特例贈与	一般贈与
200万円以下	10%	200万円以下	200万円以下
300万円以下	15%	400万円以下	300万円以下
400万円以下	20%	600万円以下	400万円以下
600万円以下	30%	1,000万円以下	600万円以下
1,000万円以下	40%	1,500万円以下	1,000万円以下
－	45%	3,000万円以下	1,500万円以下
1,000万円　超	50%	4,500万円以下	3,000万円以下
－	55%	4,500万円　超	3,000万円　超

参考【改正後の贈与税の速算表】

特例贈与にかかる贈与税			一般贈与に係る贈与税		
基礎控除後の課税価格	税　率	控除額	基礎控除後の課税価格	税　率	控除額
200万円以下	10%	－	200万円以下	10%	－
200万円超　400万円以下	15%	10万円	200万円超　300万円以下	15%	10万円
400万円超　600万円以下	20%	30万円	300万円超　400万円以下	20%	25万円
600万円超1,000万円以下	30%	90万円	400万円超　600万円以下	30%	65万円
1,000万円超1,500万円以下	40%	190万円	600万円超1,000万円以下	40%	125万円
1,500万円超3,000万円以下	45%	265万円	1,000万円超1,500万円以下	45%	175万円
3,000万円超4,500万円以下	50%	415万円	1,500万円超3,000万円以下	50%	250万円
4,500万円超	55%	640万円	3,000万円超	55%	400万円

4．相続時精算課税制度の適用要件の見直し

　①　受贈者の範囲に、20歳以上である孫（改正前 推定相続人のみ）を追加。

　②　贈与者の年齢要件を60歳以上（改正前65歳以上）に引き下げ。

　（注）上記3及び4の改正は、原則として平成27年1月1日以後に贈与により取得する財産に係る贈与税について適用。

　　　上記3及び4の年齢要件20歳以上は、民法（成年年齢）の改正により、令和4年4月1日以後の贈与については18歳以上となった。

《参考》「改正後の贈与税額・実効税率と増減」（単位：万円、%）

受贈額	改正前	実効税率	改正後 一般贈与			特例贈与		
				増減額	実効税率		増減額	実効税率
300	19	6.3	19	0	6.3	19	0	6.3
500	53	10.6	53	0	10.6	48.5	△ 4.5	9.7
1,000	231	23.1	231	0	23.1	177	△ 54	17.7
2,000	720	36.0	695	△ 25	34.8	585.5	△ 134.5	29.3
3,000	1,220	40.7	1,195	△ 25	39.8	1,035.5	△ 184.5	34.5
4,000	1,720	43.0	1,739.5	19.5	43.5	1,530	△ 190	38.3
5,000	2,220	44.4	2,289.5	69.5	45.8	2,049.5	△ 170.5	41.0
6,000	2,720	45.3	2,839.5	119.5	47.3	2,599.5	△ 120.5	43.3
7,000	3,220	46.0	3,389.5	169.5	48.4	3,149.5	△ 70.5	45.0
8,000	3,720	46.5	3,939.5	219.5	49.2	3,699.5	△ 20.5	46.2
9,000	4,220	46.9	4,489.5	269.5	49.9	4,249.5	29.5	47.2
10,000	4,720	47.2	5,039.5	319.5	50.4	4,799.5	79.5	48.0

●贈与税の課税方式（暦年課税と相続時精算課税）の比較

区　分	暦年課税	相続時精算課税
贈与者・受贈者	親族間のほか、第三者からの贈与を含む。	60歳以上の親から20歳以上の子、孫への贈与
選択	不要	必要（贈与者ごと、受贈者ごとに選択）⇒ 一度選択すれば、相続時まで継続適用
課税時期	贈与時（その時点の時価で課税）	同左
控除	基礎控除（毎年）：110万円	特別控除（限度額まで複数回使用可）：2,500万円
税率	10％～55％（8段階）	一律20％
相続時	——	贈与財産を贈与時の時価で相続財産に合算（相続税額を超えて納付した贈与税は還付）

(注) 年齢要件20歳以上は、民法（成年年齢）の改正により、令和4年4月1日以後の贈与については18歳以上となる。

第3章

相続税額・相続財産 完全防衛額早見表

① 相続税額早見表 －妻と子で相続した場合－

● 2億円未満コース

（A）は生命保険に未加入　（B）は生命保険に加入

相続人 遺産の総額	妻と子1人		妻と子2人		妻と子3人		妻と子4人	
	A	B	A	B	A	B	A	B
万円	万円	万円	万円	万円	万円	万円	万円	万円
5,000	40	0	10	0	0	0	0	0
6,000	90	40	60	0	30	0	0	0
7,000	160	90	113	35	80	0	50	0
8,000	235	160	175	85	138	30	100	0
9,000	310	235	240	144	200	80	163	25
10,000	385	310	315	206	263	138	225	75
11,000	480	385	393	278	325	200	288	131
12,000	580	480	480	353	403	263	350	194
13,000	680	580	568	436	490	325	425	256
14,000	780	680	655	524	578	403	500	319
15,000	920	780	748	611	665	490	588	388
16,000	1,070	920	860	699	768	578	675	463
17,000	1,220	1,070	975	804	880	665	788	544
18,000	1,370	1,220	1,100	916	993	768	900	631
19,000	1,520	1,370	1,225	1,038	1,105	880	1,013	731

（注） 1．被相続人の遺産を相続人（相続遺産を受ける人）が法定相続分により相続した場合の相続税額を示した。

2．税額控除は配偶者税額軽減のみを適用した。

3．（B）欄の生命保険をかけている場合については、それぞれ生命保険金の非課税制度を限度一ぱい適用して計算した。たとえば、妻と子1人の場合、10,000万円の遺産総額の欄についてみると、10,000万円中1,000万円が生命保険金、妻と子2人の場合は、10,000万円中1,500万円が生命保険金……といった具合に含まれていたものとして試算した。

4．子どもはすべて成人になっていると仮定した。

5．課税価格は1,000円未満、税額は100円未満切り捨て。

6．表中の数値は1万円未満切り上げで表示。

● 2億円台コース

（A）は生命保険に未加入　（B）は生命保険に加入

相続人 遺産の総額	妻と子1人		妻と子2人		妻と子3人		妻と子4人	
	A	B	A	B	A	B	A	B
万円	万円	万円	万円	万円	万円	万円	万円	万円
20,000	1,670	1,520	1,350	1,163	1,218	993	1,125	844
21,000	1,820	1,670	1,475	1,288	1,330	1,105	1,238	956
22,000	1,970	1,820	1,600	1,413	1,443	1,218	1,350	1,069
23,000	2,120	1,970	1,725	1,538	1,555	1,330	1,463	1,181
24,000	2,270	2,120	1,850	1,663	1,675	1,443	1,575	1,294
25,000	2,460	2,270	1,985	1,788	1,800	1,555	1,688	1,406
26,000	2,660	2,460	2,160	1,913	1,940	1,675	1,800	1,519
27,000	2,860	2,660	2,335	2,073	2,090	1,800	1,938	1,631
28,000	3,060	2,860	2,510	2,248	2,240	1,940	2,075	1,744
29,000	3,260	3,060	2,685	2,423	2,390	2,090	2,213	1,869

● 遺産の総額中に占める納税金額（生命保険に未加入の場合）

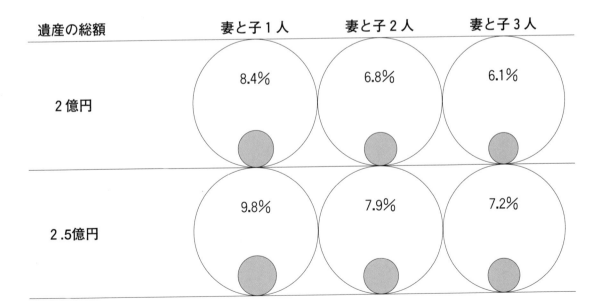

● 3億円台コース

(A)は生命保険に未加入 (B)は生命保険に加入

相続人 / 遺産の総額	妻と子1人		妻と子2人		妻と子3人		妻と子4人	
	A	B	A	B	A	B	A	B
万円	万円	万円	万円	万円	万円	万円	万円	万円
30,000	3,460	3,260	2,860	2,598	2,540	2,240	2,350	2,006
31,000	3,660	3,460	3,035	2,773	2,690	2,390	2,500	2,144
32,000	3,860	3,660	3,210	2,948	2,840	2,540	2,650	2,281
33,000	4,060	3,860	3,385	3,123	2,990	2,690	2,800	2,425
34,000	4,260	4,060	3,560	3,298	3,140	2,840	2,950	2,575
35,000	4,460	4,260	3,735	3,473	3,290	2,990	3,100	2,725
36,000	4,660	4,460	3,910	3,648	3,455	3,140	3,250	2,875
37,000	4,860	4,660	4,085	3,823	3,630	3,290	3,400	3,025
38,000	5,060	4,860	4,260	3,998	3,805	3,455	3,550	3,175
39,000	5,260	5,060	4,435	4,173	3,980	3,630	3,700	3,325

●遺産の総額中に占める納税金額（生命保険に未加入の場合）

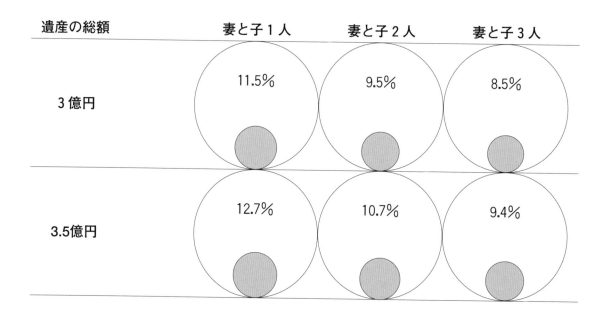

遺産の総額	妻と子1人	妻と子2人	妻と子3人
3億円	11.5%	9.5%	8.5%
3.5億円	12.7%	10.7%	9.4%

● 4億円台コース

（A）は生命保険に未加入 （B）は生命保険に加入

相続人 遺産の総額	妻と子1人		妻と子2人		妻と子3人		妻と子4人	
	A	B	A	B	A	B	A	B
万円	万円	万円	万円	万円	万円	万円	万円	万円
40,000	5,460	5,260	4,610	4,348	4,155	3,805	3,850	3,475
41,000	5,660	5,460	4,785	4,523	4,330	3,980	4,000	3,625
42,000	5,860	5,660	4,960	4,698	4,505	4,155	4,150	3,775
43,000	6,060	5,860	5,135	4,873	4,680	4,330	4,300	3,925
44,000	6,260	6,060	5,310	5,048	4,855	4,505	4,450	4,075
45,000	6,480	6,260	5,493	5,223	5,030	4,680	4,600	4,225
46,000	6,705	6,480	5,705	5,398	5,213	4,855	4,750	4,375
47,000	6,930	6,705	5,918	5,599	5,400	5,030	4,938	4,525
48,000	7,155	6,930	6,130	5,811	5,588	5,213	5,125	4,675
49,000	7,380	7,155	6,343	6,024	5,775	5,400	5,313	4,844

● 遺産の総額中に占める納税金額 （生命保険に未加入の場合）

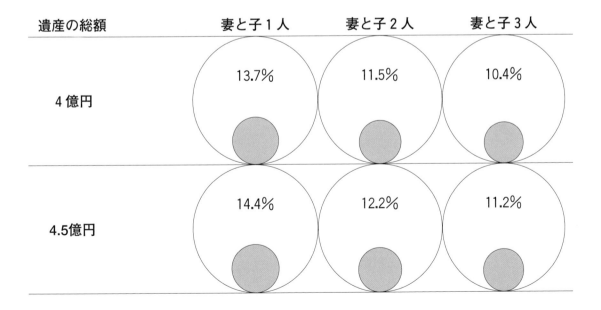

● 5億円台コース

（A）は生命保険に未加入　（B）は生命保険に加入

相続人 遺産の総額	妻と子1人		妻と子2人		妻と子3人		妻と子4人	
	A	B	A	B	A	B	A	B
万円	万円	万円	万円	万円	万円	万円	万円	万円
50,000	7,605	7,380	6,555	6,236	5,963	5,588	5,500	5,031
51,000	7,830	7,605	6,768	6,449	6,150	5,775	5,688	5,219
52,000	8,055	7,830	6,980	6,661	6,338	5,963	5,875	5,406
53,000	8,280	8,055	7,193	6,874	6,525	6,150	6,063	5,594
54,000	8,505	8,280	7,405	7,086	6,713	6,338	6,250	5,781
55,000	8,730	8,505	7,618	7,299	6,900	6,525	6,438	5,969
56,000	8,955	8,730	7,830	7,511	7,088	6,713	6,625	6,156
57,000	9,180	8,955	8,043	7,724	7,275	6,900	6,813	6,344
58,000	9,405	9,180	8,255	7,936	7,463	7,088	7,000	6,531
59,000	9,630	9,405	8,468	8,149	7,650	7,275	7,188	6,719

● **遺産の総額中に占める納税金額**（生命保険に未加入の場合）

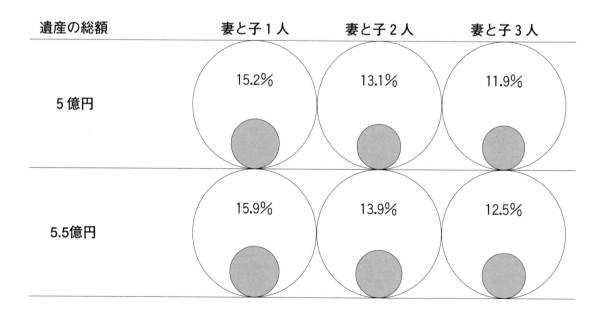

● 6億円台コース

（A）は生命保険に未加入　（B）は生命保険に加入

相続人 遺産の総額	妻と子1人		妻と子2人		妻と子3人		妻と子4人	
	A	B	A	B	A	B	A	B
万円	万円	万円	万円	万円	万円	万円	万円	万円
60,000	9,855	9,630	8,680	8,361	7,838	7,463	7,375	6,906
61,000	10,080	9,855	8,893	8,574	8,025	7,650	7,563	7,094
62,000	10,305	10,080	9,105	8,786	8,213	7,838	7,750	7,281
63,000	10,530	10,305	9,318	8,999	8,400	8,025	7,938	7,469
64,000	10,755	10,530	9,530	9,211	8,588	8,213	8,125	7,656
65,000	11,000	10,755	9,745	9,424	8,775	8,400	8,313	7,844
66,000	11,250	11,000	9,970	9,636	8,985	8,588	8,500	8,031
67,000	11,500	11,250	10,195	9,858	9,210	8,775	8,700	8,219
68,000	11,750	11,500	10,420	10,083	9,435	8,985	8,900	8,406
69,000	12,000	11,750	10,645	10,308	9,660	9,210	9,100	8,600

● 遺産の総額中に占める納税金額（生命保険に未加入の場合）

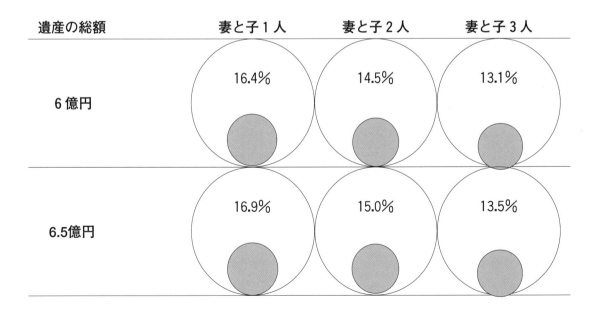

遺産の総額	妻と子1人	妻と子2人	妻と子3人
6億円	16.4%	14.5%	13.1%
6.5億円	16.9%	15.0%	13.5%

● 7億円～20億円コース

相続人 遺産の総額	妻と子1人		妻と子2人		妻と子3人		妻と子4人	
	A	B	A	B	A	B	A	B
万円	万円	万円	万円	万円	万円	万円	万円	万円
70,000	12,250	12,000	10,870	10,533	9,885	9,435	9,300	8,800
75,000	13,500	13,250	11,995	11,658	11,010	10,560	10,300	9,800
80,000	14,750	14,500	13,120	12,783	12,135	11,685	11,300	10,800
85,000	16,000	15,750	14,248	13,908	13,260	12,810	12,300	11,800
90,000	17,250	17,000	15,435	15,079	14,385	13,935	13,400	12,838
95,000	18,500	18,250	16,623	16,266	15,510	15,060	14,525	13,963
100,000	19,750	19,500	17,810	17,454	16,635	16,185	15,650	15,088
105,000	21,000	20,750	18,998	18,641	17,760	17,310	16,775	16,213
110,000	22,250	22,000	20,185	19,829	18,885	18,435	17,900	17,338
115,000	23,500	23,250	21,373	21,016	20,010	19,560	19,025	18,463
120,000	24,750	24,500	22,560	22,204	21,135	20,685	20,150	19,588
125,000	26,020	25,750	23,753	23,391	22,260	21,810	21,275	20,713
130,000	27,395	27,120	25,065	24,671	23,500	23,000	22,450	21,856
135,000	28,770	28,495	26,378	25,984	24,750	24,250	23,638	23,044
140,000	30,145	29,870	27,690	27,296	26,000	25,500	24,825	24,231
145,000	31,520	31,245	29,003	28,609	27,250	26,750	26,013	25,419
150,000	32,895	32,620	30,315	29,921	28,500	28,000	27,200	26,606
155,000	34,270	33,995	31,628	31,234	29,750	29,250	28,388	27,794
160,000	35,645	35,370	32,940	32,546	31,000	30,500	29,575	28,981
165,000	37,020	36,745	34,253	33,859	32,250	31,750	30,763	30,169
170,000	38,395	38,120	35,565	35,171	33,500	33,000	32,000	31,375
175,000	39,770	39,495	36,878	36,484	34,750	34,250	33,250	32,625
180,000	41,145	40,870	38,190	37,796	36,000	35,500	34,500	33,875
185,000	42,520	42,245	39,503	39,109	37,250	36,750	35,750	35,125
190,000	43,895	43,620	40,815	40,421	38,557	38,033	37,000	36,375
195,000	45,270	44,995	42,128	41,734	39,870	39,345	38,250	37,625
200,000	46,645	46,370	43,440	43,046	41,183	40,658	39,500	38,875

② 相続税額早見表 －子のみで相続した場合－

● 2億円未満コース

(A)は生命保険に未加入（B)は生命保険に加入

相続人 遺産の総額	子　1　人		子　2　人		子　3　人		子　4　人	
	A	B	A	B	A	B	A	B
万円	万円	万円	万円	万円	万円	万円	万円	万円
5,000	160	90	80	0	20	0	0	0
6,000	310	235	180	80	120	0	60	0
7,000	480	385	320	180	220	70	160	0
8,000	680	580	470	320	330	170	260	60
9,000	920	780	620	470	480	270	360	160
10,000	1,220	1,070	770	620	630	405	490	260
11,000	1,520	1,370	960	770	780	555	640	360
12,000	1,820	1,670	1,160	960	930	705	790	490
13,000	2,120	1,970	1,360	1,160	1,080	855	940	640
14,000	2,460	2,270	1,560	1,360	1,240	1,005	1,090	790
15,000	2,860	2,660	1,840	1,560	1,440	1,155	1,240	940
16,000	3,260	3,060	2,140	1,840	1,640	1,340	1,390	1,090
17,000	3,660	3,460	2,440	2,140	1,840	1,540	1,540	1,240
18,000	4,060	3,860	2,740	2,440	2,040	1,740	1,720	1,390
19,000	4,460	4,260	3,040	2,740	2,240	1,940	1,920	1,540

（注）1．被相続人の遺産を相続人（相続遺産を受ける人）が法定相続分により相続した場合の
　　　　相続税額を示した。
　　　2．（B）欄の生命保険をかけている場合については、それぞれ生命保険金の非課税制度
　　　　を限度一ぱい適用して計算した。たとえば、子ども1人の場合、10,000万円の遺産総額
　　　　の欄についてみると、10,000万円中500万円が生命保険金、子ども2人の場合は、10,000
　　　　万円中1,000万円が生命保険……といった具合に含まれていたものとして試算した。
　　　3．子どもはすべて成人になっていると仮定した。
　　　4．課税価格は1,000円未満、税額は100円未満切り捨て。
　　　5．表中の数値は1万円未満切り上げで表示。

● 2億円台コース

（A）は生命保険に未加入　（B）は生命保険に加入

相続人　遺産の総額	子　1　人		子　2　人		子　3　人		子　4　人	
	A	B	A	B	A	B	A	B
万円	万円	万円	万円	万円	万円	万円	万円	万円
20,000	4,860	4,660	3,340	3,040	2,460	2,140	2,120	1,720
21,000	5,260	5,060	3,640	3,340	2,760	2,340	2,320	1,920
22,000	5,660	5,460	3,940	3,640	3,060	2,610	2,520	2,120
23,000	6,060	5,860	4,240	3,940	3,360	2,910	2,720	2,320
24,000	6,480	6,260	4,540	4,240	3,660	3,210	2,920	2,520
25,000	6,930	6,705	4,920	4,540	3,960	3,510	3,120	2,720
26,000	7,380	7,155	5,320	4,920	4,260	3,810	3,380	2,920
27,000	7,830	7,605	5,720	5,320	4,560	4,110	3,680	3,120
28,000	8,280	8,055	6,120	5,720	4,860	4,410	3,980	3,380
29,000	8,730	8,505	6,520	6,120	5,160	4,710	4,280	3,680

● 遺産の総額中に占める納税金額（生命保険に未加入の場合）

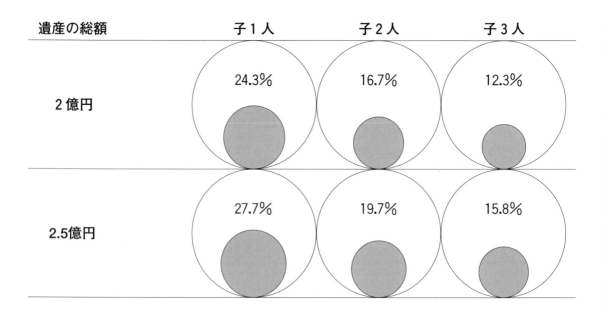

● 3億円台コース

（A）は生命保険に未加入　（B）は生命保険に加入

相続人 遺産の総額	子　1　人		子　2　人		子　3　人		子　4　人	
	A	B	A	B	A	B	A	B
万円	万円	万円	万円	万円	万円	万円	万円	万円
30,000	9,180	8,955	6,920	6,520	5,460	5,010	4,580	3,980
31,000	9,630	9,405	7,320	6,920	5,760	5,310	4,880	4,280
32,000	10,080	9,855	7,720	7,320	6,060	5,610	5,180	4,580
33,000	10,530	10,305	8,120	7,720	6,360	5,910	5,480	4,880
34,000	11,000	10,755	8,520	8,120	6,660	6,210	5,780	5,180
35,000	11,500	11,250	8,920	8,520	6,980	6,510	6,080	5,480
36,000	12,000	11,750	9,320	8,920	7,380	6,810	6,380	5,780
37,000	12,500	12,250	9,720	9,320	7,780	7,180	6,680	6,080
38,000	13,000	12,750	10,120	9,720	8,180	7,580	6,980	6,380
39,000	13,500	13,250	10,520	10,120	8,580	7,980	7,280	6,680

● **遺産の総額中に占める納税金額**（生命保険に未加入の場合）

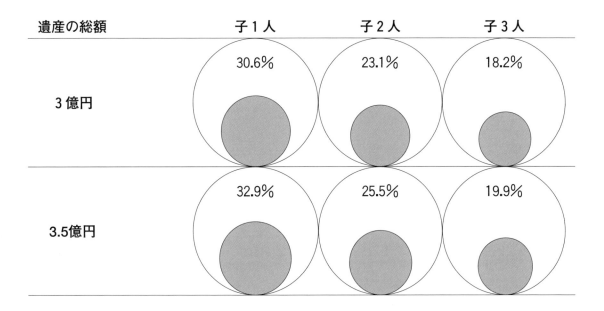

● 4億円台コース

（A）は生命保険に未加入　（B）は生命保険に加入

相続人 遺産の総額	子 1 人		子 2 人		子 3 人		子 4 人	
	A	B	A	B	A	B	A	B
万円	万円	万円	万円	万円	万円	万円	万円	万円
40,000	14,000	13,750	10,920	10,520	8,980	8,380	7,580	6,980
41,000	14,500	14,250	11,320	10,920	9,380	8,780	7,880	7,280
42,000	15,000	14,750	11,720	11,320	9,780	9,180	8,180	7,580
43,000	15,500	15,250	12,120	11,720	10,180	9,580	8,480	7,880
44,000	16,000	15,750	12,520	12,120	10,580	9,980	8,780	8,180
45,000	16,500	16,250	12,960	12,520	10,980	10,380	9,080	8,480
46,000	17,000	16,750	13,410	12,960	11,380	10,780	9,440	8,780
47,000	17,500	17,250	13,860	13,410	11,780	11,180	9,840	9,080
48,000	18,000	17,750	14,310	13,860	12,180	11,580	10,240	9,440
49,000	18,500	18,250	14,760	14,310	12,580	11,980	10,640	9,840

● **遺産の総額中に占める納税金額**（生命保険に未加入の場合）

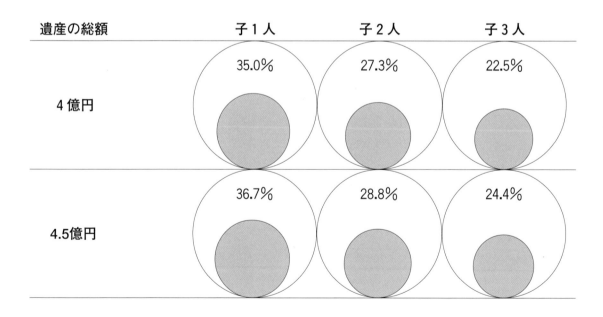

遺産の総額	子1人	子2人	子3人
4億円	35.0%	27.3%	22.5%
4.5億円	36.7%	28.8%	24.4%

● 5億円台コース

（A）は生命保険に未加入　（B）は生命保険に加入

相続人 遺産の総額	子　1　人		子　2　人		子　3　人		子　4　人	
	A	B	A	B	A	B	A	B
万円	万円	万円	万円	万円	万円	万円	万円	万円
50,000	19,000	18,750	15,210	14,760	12,980	12,380	11,040	10,240
51,000	19,500	19,250	15,660	15,210	13,380	12,780	11,440	10,640
52,000	20,000	19,750	16,110	15,660	13,780	13,180	11,840	11,040
53,000	20,500	20,250	16,560	16,110	14,180	13,580	12,240	11,440
54,000	21,000	20,750	17,010	16,560	14,580	13,980	12,640	11,840
55,000	21,500	21,250	17,460	17,010	14,980	14,380	13,040	12,240
56,000	22,000	21,750	17,910	17,460	15,380	14,780	13,440	12,640
57,000	22,500	22,250	18,360	17,910	15,780	15,180	13,840	13,040
58,000	23,000	22,750	18,810	18,360	16,180	15,580	14,240	13,440
59,000	23,500	23,250	19,260	18,810	16,580	15,980	14,640	13,840

● 遺産の総額中に占める納税金額（生命保険に未加入の場合）

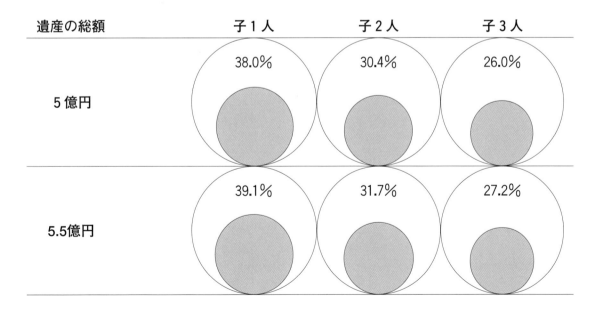

● 6億円台コース

相続人	子　1　人		子　2　人		子　3　人		子　4　人	
遺産の総額	A	B	A	B	A	B	A	B
万円	万円	万円	万円	万円	万円	万円	万円	万円
60,000	24,000	23,750	19,710	19,260	16,980	16,380	15,040	14,240
61,000	24,500	24,250	20,160	19,710	17,380	16,780	15,440	14,640
62,000	25,000	24,750	20,610	20,160	17,780	17,180	15,840	15,040
63,000	25,500	25,250	21,060	20,610	18,180	17,580	16,240	15,440
64,000	26,020	25,750	21,510	21,060	18,580	17,980	16,640	15,840
65,000	26,570	26,295	22,000	21,510	18,990	18,380	17,040	16,240
66,000	27,120	26,845	22,500	22,000	19,440	18,780	17,440	16,640
67,000	27,670	27,395	23,000	22,500	19,890	19,215	17,840	17,040
68,000	28,220	27,945	23,500	23,000	20,340	19,665	18,240	17,440
69,000	28,770	28,495	24,000	23,500	20,790	20,115	18,640	17,840

● 遺産の総額中に占める納税金額（生命保険に未加入の場合）

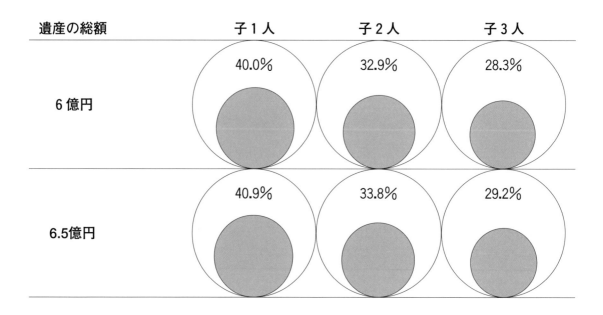

遺産の総額	子1人	子2人	子3人
6億円	40.0%	32.9%	28.3%
6.5億円	40.9%	33.8%	29.2%

● 7億円～20億円コース

相続人 遺産の総額	子　1　人		子　2　人		子　3　人		子　4　人	
	A	B	A	B	A	B	A	B
万円	万円	万円	万円	万円	万円	万円	万円	万円
70,000	29,320	29,045	24,500	24,000	21,240	20,565	19,040	18,240
75,000	32,070	31,795	27,000	26,500	23,490	22,815	21,040	20,240
80,000	34,820	34,545	29,500	29,000	25,740	25,065	23,040	22,240
85,000	37,570	37,295	32,000	31,500	27,990	27,315	25,040	24,240
90,000	40,320	40,045	34,500	34,000	30,240	29,565	27,270	26,370
95,000	43,070	42,795	37,000	36,500	32,500	31,815	29,520	28,620
100,000	45,820	45,545	39,500	39,000	35,000	34,250	31,770	30,870
105,000	48,570	48,295	42,000	41,500	37,500	36,750	34,020	33,120
110,000	51,320	51,045	44,500	44,000	40,000	39,250	36,270	35,370
115,000	54,070	53,795	47,000	46,500	42,500	41,750	38,520	37,620
120,000	56,820	56,545	49,500	49,000	45,000	44,250	40,770	39,870
125,000	59,570	59,295	52,040	51,500	47,500	46,750	43,020	42,120
130,000	62,320	62,045	54,790	54,240	50,000	49,250	45,500	44,500
135,000	65,070	64,795	57,540	56,990	52,500	51,750	48,000	47,000
140,000	67,820	67,545	60,290	59,740	55,000	54,250	50,500	49,500
145,000	70,570	70,295	63,040	62,490	57,500	56,750	53,000	52,000
150,000	73,320	73,045	65,790	65,240	60,000	59,250	55,500	54,500
155,000	76,070	75,795	68,540	67,990	62,500	61,750	58,000	57,000
160,000	78,820	78,545	71,290	70,740	65,000	64,250	60,500	59,500
165,000	81,570	81,295	74,040	73,490	67,500	66,750	63,000	62,000
170,000	84,320	84,045	76,790	76,240	70,000	69,250	65,500	64,500
175,000	87,070	86,795	79,540	78,990	72,500	71,750	68,000	67,000
180,000	89,820	89,545	82,290	81,740	75,000	74,250	70,500	69,500
185,000	92,570	92,295	85,040	84,490	77,510	76,750	73,000	72,000
190,000	95,320	95,045	87,790	87,240	80,260	79,435	75,500	74,500
195,000	98,070	97,795	90,540	89,990	83,010	82,185	78,000	77,000
200,000	100,820	100,545	93,290	92,740	85,760	84,935	80,500	79,500

〈相続財産完全防衛額とは〉…各相続人が法定相続分を相続したとして解説をすすめている。

　従来、生命保険セールスが相続税対策と称し展開してきた相続税話法では、

　「仮に妻と子ども2人をもつご家庭で、相続財産が3億円あったとしましょう。これに対する相続税額は2,860万円（12ページ前にあり）です。加えて、相続税は相続事由が発生してから10か月以内に、原則として現金で納税しなければなりません。とすれば、いま直ちに2,860万円の税金を現金で揃えることは現実にはちょっとした苦労をともないます。なぜなら3億円の相続財産があってもこれらは往々にして不動産（家、山林、土地など）という不換金性の財産である場合が多いからです。そこで、この相続税相当額2,860万円を少なくとも何らかの方法で平素から準備しておくことが大切だということになります。この準備方法として、最適な手段が2,860万円相当額の生命保険にご主人が加入されることであります」

　といった具合に話がすすめられていた。

　この場合、よくセールスの方々が見込客から突っ込まれる点は、

　「それでは相続税引き当てのため新たに加入した生命保険金を相続時に受け取ったとすると、この生命保険金に対する相続税額はどうして準備するのですか」

　ということであった。

　従来の話法では、ここで絶句してしまうケースが多かったのである。絶句しないまでも、

　「そのためには2,860万円に対する相続税額分として約○○万円上積みし、生命保険金額を決めておきましょう」

　といった具合に、いささか焦点のボケたすすめ方をしなければならなかったことは事実であった。

　焦点のボケた話法が説得する迫力に欠けることは当然である。つまり、この辺に従来の相続税話法の締めくくりの盲点があったといえるだろう。

　こういった盲点を解決するため、試算されたものが「**相続財産完全防衛額**」である。

　1例をあげ、説明してみよう。

　いま、仮に妻と子ども2人をもつ家庭に、相続財産が3億円あったとする。相続財産3

億円をそっくり無キズで相続するために、新たに必要とする生命保険金額はいくらかを試算してみると、3,149万円という答えが出てくる。

　つまり、この場合の相続財産は3億円＋3,149万円＝33,149万円、この33,149万円を妻と子ども2人で相続したときの相続税額が3,149万円。したがって3億円の相続財産は、この場合、3,149万円の生命保険に加入することで、そっくり無キズで相続できる保障が生じるわけである。

　「相続財産完全防衛額」とはこういった数字を示している。

　　　以上を図解すると……

● 3億円の遺産を妻と子供2人で相続すると…

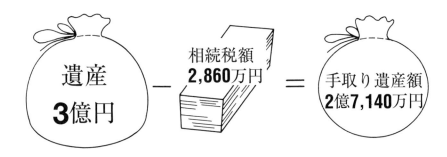

● 3億円の遺産を妻と子供2人でそっくり無キズで相続しようとすると…

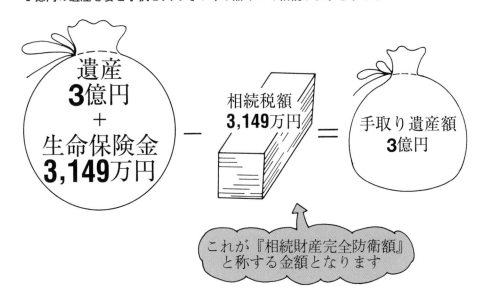

相続財産完全防衛額早見表（その１） ー妻と子で相続した場合ー

＊法定相続分により取得したものとして計算。
金額は1万円未満切り上げで表示。

● 5,000万円台コース

控除前の遺産額 相続人の構成		万円 5,000	万円 5,100	万円 5,200	万円 5,300	万円 5,400	万円 5,500	万円 5,600	万円 5,700	万円 5,800	万円 5,900
必要な生命保険金額		万円	万円	万円	万円	万円	万円	万円	万円	万円	万円
	妻と子　1人	40	45	50	55	60	65	70	75	80	85
	妻と子　2人	10	15	20	25	30	35	40	45	50	55
	妻と子　3人	0	0	0	0	0	5	10	15	20	25
	妻と子　4人	0	0	0	0	0	0	0	0	0	0

● 6,000万円台コース

控除前の遺産額 相続人の構成		万円 6,000	万円 6,100	万円 6,200	万円 6,300	万円 6,400	万円 6,500	万円 6,600	万円 6,700	万円 6,800	万円 6,900
必要な生命保険金額		万円	万円	万円	万円	万円	万円	万円	万円	万円	万円
	妻と子　1人	90	95	100	108	115	123	130	138	145	153
	妻と子　2人	60	65	70	75	80	85	90	95	100	106
	妻と子　3人	30	35	40	45	50	55	60	65	70	75
	妻と子　4人	0	5	10	15	20	25	30	35	40	45

● 7,000万円台コース

控除前の遺産額 相続人の構成		万円 7,000	万円 7,100	万円 7,200	万円 7,300	万円 7,400	万円 7,500	万円 7,600	万円 7,700	万円 7,800	万円 7,900
必要な生命保険金額		万円	万円	万円	万円	万円	万円	万円	万円	万円	万円
	妻と子　1人	160	168	175	183	190	198	205	213	220	228
	妻と子　2人	113	119	125	131	138	144	150	156	163	169
	妻と子　3人	80	85	90	95	100	106	113	119	125	131
	妻と子　4人	50	55	60	65	70	75	80	85	90	95

● 8,000万円台コース

控除前の遺産額 相続人の構成		万円 8,000	万円 8,100	万円 8,200	万円 8,300	万円 8,400	万円 8,500	万円 8,600	万円 8,700	万円 8,800	万円 8,900
必要な生命保険金額		万円	万円	万円	万円	万円	万円	万円	万円	万円	万円
	妻と子　1人	235	243	250	258	265	273	280	288	295	303
	妻と子　2人	175	181	188	194	200	206	213	219	225	233
	妻と子　3人	138	144	150	156	163	169	175	181	188	194
	妻と子　4人	100	106	113	119	125	131	138	144	150	156

● 9,000万円台コース

控除前の遺産額 相続人の構成		万円 9,000	万円 9,100	万円 9,200	万円 9,300	万円 9,400	万円 9,500	万円 9,600	万円 9,700	万円 9,800	万円 9,900
必要な生命保険金額		万円	万円	万円	万円	万円	万円	万円	万円	万円	万円
	妻と子　1人	310	318	325	333	340	348	355	363	370	378
	妻と子　2人	240	248	255	263	270	278	285	293	300	308
	妻と子　3人	200	206	213	219	225	231	238	244	250	256
	妻と子　4人	163	169	175	181	188	194	200	206	213	219

● 1億円台コース

控除前の遺産額 相続人の構成		万円 10,000	万円 11,000	万円 12,000	万円 13,000	万円 14,000	万円 15,000	万円 16,000	万円 17,000	万円 18,000	万円 19,000
必要な生命保険金額		万円	万円	万円	万円	万円	万円	万円	万円	万円	万円
	妻と子　1人	385	480	580	680	780	920	1,083	1,259	1,436	1,612
	妻と子　2人	315	393	480	568	655	748	860	975	1,100	1,225
	妻と子　3人	263	325	403	490	578	665	768	880	993	1,105
	妻と子　4人	225	288	350	425	500	588	675	788	900	1,013

● 2億円台コース

控除前の遺産額 相続人の構成		万円 20,000	万円 21,000	万円 22,000	万円 23,000	万円 24,000	万円 25,000	万円 26,000	万円 27,000	万円 28,000	万円 29,000
必要な生命保険金額		万円	万円	万円	万円	万円	万円	万円	万円	万円	万円
	妻と子　1人	1,789	1,965	2,142	2,325	2,575	2,825	3,075	3,325	3,575	3,825
	妻と子　2人	1,350	1,475	1,615	1,758	1,900	2,088	2,300	2,513	2,725	2,937
	妻と子　3人	1,218	1,330	1,443	1,555	1,675	1,800	1,940	2,106	2,283	2,459
	妻と子　4人	1,125	1,238	1,350	1,463	1,575	1,688	1,800	1,938	2,075	2,213

● 3億円台コース

控除前の遺産額 相続人の構成		万円 30,000	万円 31,000	万円 32,000	万円 33,000	万円 34,000	万円 35,000	万円 36,000	万円 37,000	万円 38,000	万円 39,000
必要な生命保険金額		万円	万円	万円	万円	万円	万円	万円	万円	万円	万円
	妻と子　1人	4,075	4,325	4,575	4,825	5,075	5,325	5,575	5,825	6,075	6,329
	妻と子　2人	3,149	3,361	3,573	3,785	3,997	4,210	4,422	4,634	4,846	5,058
	妻と子　3人	2,636	2,812	2,989	3,165	3,342	3,552	3,764	3,976	4,188	4,400
	妻と子　4人	2,350	2,500	2,677	2,853	3,029	3,206	3,382	3,559	3,735	3,912

● 4億円台コース

控除前の遺産額 相続人の構成			万円 40,000	万円 41,000	万円 42,000	万円 43,000	万円 44,000	万円 45,000	万円 46,000	万円 47,000	万円 48,000	万円 49,000
			万円	万円	万円	万円	万円	万円	万円	万円	万円	万円
必要な生命保険金額	妻と子	1人	6,620	6,910	7,200	7,491	7,781	8,071	8,362	8,652	8,942	9,233
	妻と子	2人	5,270	5,491	5,761	6,031	6,300	6,570	6,840	7,110	7,380	7,650
	妻と子	3人	4,613	4,825	5,037	5,262	5,493	5,724	5,954	6,185	6,416	6,647
	妻と子	4人	4,089	4,265	4,442	4,618	4,808	5,039	5,270	5,500	5,731	5,962

● 5億円台コース

控除前の遺産額 相続人の構成			万円 50,000	万円 51,000	万円 52,000	万円 53,000	万円 54,000	万円 55,000	万円 56,000	万円 57,000	万円 58,000	万円 59,000
			万円	万円	万円	万円	万円	万円	万円	万円	万円	万円
必要な生命保険金額	妻と子	1人	9,523	9,813	10,104	10,394	10,684	11,000	11,334	11,667	12,000	12,334
	妻と子	2人	7,919	8,189	8,459	8,729	8,999	9,269	9,539	9,817	10,107	10,397
	妻と子	3人	6,877	7,108	7,339	7,570	7,800	8,031	8,262	8,493	8,724	8,981
	妻と子	4人	6,193	6,423	6,654	6,885	7,116	7,347	7,577	7,808	8,039	8,270

● 6億円台コース

控除前の遺産額 相続人の構成			万円 60,000	万円 61,000	万円 62,000	万円 63,000	万円 64,000	万円 65,000	万円 66,000	万円 67,000	万円 68,000	万円 69,000
			万円	万円	万円	万円	万円	万円	万円	万円	万円	万円
必要な生命保険金額	妻と子	1人	12,667	13,000	13,334	13,667	14,000	14,334	14,667	15,000	15,334	15,667
	妻と子	2人	10,688	10,978	11,268	11,559	11,849	12,139	12,429	12,720	13,010	13,300
	妻と子	3人	9,271	9,562	9,852	10,142	10,433	10,723	11,013	11,304	11,594	11,884
	妻と子	4人	8,500	8,750	9,000	9,250	9,500	9,750	10,000	10,250	10,500	10,750

● 7億円台コース

控除前の遺産額 相続人の構成			万円 70,000	万円 71,000	万円 72,000	万円 73,000	万円 74,000	万円 75,000	万円 76,000	万円 77,000	万円 78,000	万円 79,000
			万円	万円	万円	万円	万円	万円	万円	万円	万円	万円
必要な生命保険金額	妻と子	1人	16,000	16,334	16,667	17,000	17,334	17,667	18,000	18,334	18,667	19,000
	妻と子	2人	13,591	13,881	14,171	14,481	14,792	15,104	15,415	15,727	16,038	16,350
	妻と子	3人	12,175	12,465	12,755	13,046	13,336	13,626	13,917	14,207	14,497	14,788
	妻と子	4人	11,000	11,250	11,500	11,750	12,000	12,250	12,500	12,791	13,081	13,371

● 8億円台コース

控除前の遺産額 相続人の構成			万円 80,000	万円 81,000	万円 82,000	万円 83,000	万円 84,000	万円 85,000	万円 86,000	万円 87,000	万円 88,000	万円 89,000
必要な生命保険金額			万円	万円	万円	万円	万円	万円	万円	万円	万円	万円
	妻と子	1人	19,334	19,667	20,000	20,334	20,667	21,000	21,334	21,667	22,000	22,334
	妻と子	2人	16,661	16,973	17,284	17,596	17,907	18,219	18,530	18,841	19,153	19,464
	妻と子	3人	15,078	15,368	15,659	15,949	16,239	16,529	16,820	17,110	17,400	17,691
	妻と子	4人	13,662	13,952	14,242	14,533	14,823	15,113	15,404	15,694	15,984	16,275

● 9億円台コース

控除前の遺産額 相続人の構成			万円 90,000	万円 91,000	万円 92,000	万円 93,000	万円 94,000	万円 95,000	万円 96,000	万円 97,000	万円 98,000	万円 99,000
必要な生命保険金額			万円	万円	万円	万円	万円	万円	万円	万円	万円	万円
	妻と子	1人	22,667	23,000	23,334	23,667	24,000	24,334	24,667	25,000	25,334	25,667
	妻と子	2人	19,776	20,087	20,399	20,710	21,022	21,333	21,645	21,956	22,268	22,579
	妻と子	3人	17,981	18,271	18,562	18,852	19,142	19,433	19,723	20,013	20,304	20,594
	妻と子	4人	16,565	16,855	17,146	17,436	17,726	18,017	18,307	18,597	18,887	19,178

●10億円台コース

控除前の遺産額 相続人の構成			万円 100,000	万円 101,000	万円 102,000	万円 103,000	万円 104,000	万円 105,000	万円 106,000	万円 107,000	万円 108,000	万円 109,000
必要な生命保険金額			万円	万円	万円	万円	万円	万円	万円	万円	万円	万円
	妻と子	1人	26,028	26,407	26,787	27,166	27,545	27,925	28,304	28,683	29,063	29,442
	妻と子	2人	22,891	23,202	23,514	23,843	24,199	24,555	24,911	25,267	25,623	25,978
	妻と子	3人	20,884	21,175	21,465	21,755	22,046	22,336	22,668	23,000	23,334	23,667
	妻と子	4人	19,468	19,758	20,049	20,339	20,629	20,920	21,210	21,500	21,812	22,123

●11億円台コース

控除前の遺産額 相続人の構成			万円 110,000	万円 111,000	万円 112,000	万円 113,000	万円 114,000	万円 115,000	万円 116,000	万円 117,000	万円 118,000	万円 119,000
必要な生命保険金額			万円	万円	万円	万円	万円	万円	万円	万円	万円	万円
	妻と子	1人	29,821	30,200	30,580	30,959	31,338	31,718	32,097	32,476	32,856	33,235
	妻と子	2人	26,334	26,690	27,046	27,402	27,758	28,114	28,470	28,826	29,182	29,538
	妻と子	3人	24,000	24,334	24,667	25,000	25,334	25,667	26,000	26,334	26,667	27,000
	妻と子	4人	22,435	22,746	23,058	23,369	23,681	23,992	24,303	24,615	24,927	25,238

●12億円〜20億円コース

控除前の遺産額 / 相続人の構成		12億円	13億円	14億円	15億円	16億円	17億円	18億円	19億円	20億円
		万円	万円	万円	万円	万円	万円	万円	万円	万円
必要な生命保険金額	妻と子　1人	33,614	37,407	41,200	44,994	48,787	52,580	56,373	60,166	63,959
	妻と子　2人	29,894	33,453	37,012	40,572	44,131	47,690	51,250	54,809	58,576
	妻と子　3人	27,334	30,667	34,000	37,334	40,892	44,451	48,011	51,570	55,129
	妻と子　4人	25,550	28,664	31,834	35,167	38,500	41,834	45,167	48,500	51,890

相続財産完全防衛額早見表（その２）　ー子のみで相続した場合ー

＊法定相続分により取得したものとして計算。
　金額は1万円未満切り上げで表示。

●4,000万円台コース

控除前の遺産額／相続人の構成	万円 4,000	万円 4,100	万円 4,200	万円 4,300	万円 4,400	万円 4,500	万円 4,600	万円 4,700	万円 4,800	万円 4,900
	万円	万円	万円	万円	万円	万円	万円	万円	万円	万円
必要な生命保険金額　子　1　人	40	50	60	70	80	90	100	115	130	145
子　2　人	0	0	0	10	20	30	40	50	60	70
子　3　人	0	0	0	0	0	0	0	0	0	10
子　4　人	0	0	0	0	0	0	0	0	0	0

●5,000万円台コース

控除前の遺産額／相続人の構成	万円 5,000	万円 5,100	万円 5,200	万円 5,300	万円 5,400	万円 5,500	万円 5,600	万円 5,700	万円 5,800	万円 5,900
	万円	万円	万円	万円	万円	万円	万円	万円	万円	万円
必要な生命保険金額　子　1　人	160	175	190	205	220	235	250	265	280	295
子　2　人	80	90	100	110	120	130	140	150	160	170
子　3　人	20	30	40	50	60	70	80	90	100	110
子　4　人	0	0	0	0	0	10	20	30	40	50

●6,000万円台コース

控除前の遺産額／相続人の構成	万円 6,000	万円 6,100	万円 6,200	万円 6,300	万円 6,400	万円 6,500	万円 6,600	万円 6,700	万円 6,800	万円 6,900
	万円	万円	万円	万円	万円	万円	万円	万円	万円	万円
必要な生命保険金額　子　1　人	310	325	340	355	370	385	400	420	440	460
子　2　人	180	190	200	215	230	245	260	275	290	305
子　3　人	120	130	140	150	160	170	180	190	200	210
子　4　人	60	70	80	90	100	110	120	130	140	150

●7,000万円台コース

控除前の遺産額／相続人の構成	万円 7,000	万円 7,100	万円 7,200	万円 7,300	万円 7,400	万円 7,500	万円 7,600	万円 7,700	万円 7,800	万円 7,900
	万円	万円	万円	万円	万円	万円	万円	万円	万円	万円
必要な生命保険金額　子　1　人	480	500	525	550	575	600	625	650	675	700
子　2　人	320	335	350	365	380	395	410	425	440	455
子　3　人	220	230	240	250	260	270	280	290	300	315
子　4　人	160	170	180	190	200	210	220	230	240	250

●8,000万円台コース

控除前の遺産額 相続人の構成	万円 8,000	万円 8,100	万円 8,200	万円 8,300	万円 8,400	万円 8,500	万円 8,600	万円 8,700	万円 8,800	万円 8,900
	万円	万円	万円	万円	万円	万円	万円	万円	万円	万円
必要な生命保険金額 子 1 人	725	750	775	800	843	886	929	972	1,015	1,057
子 2 人	470	485	500	515	530	545	560	575	590	605
子 3 人	330	345	360	375	390	405	420	435	450	465
子 4 人	260	270	280	290	300	310	320	330	340	350

●9,000万円台コース

控除前の遺産額 相続人の構成	万円 9,000	万円 9,100	万円 9,200	万円 9,300	万円 9,400	万円 9,500	万円 9,600	万円 9,700	万円 9,800	万円 9,900
	万円	万円	万円	万円	万円	万円	万円	万円	万円	万円
必要な生命保険金額 子 1 人	1,100	1,143	1,186	1,229	1,272	1,315	1,358	1,400	1,443	1,486
子 2 人	620	635	650	665	680	695	710	725	740	755
子 3 人	480	495	510	525	540	555	570	585	600	615
子 4 人	360	370	380	390	400	415	430	445	460	475

● 1 億円台コース

控除前の遺産額 相続人の構成	万円 10,000	万円 11,000	万円 12,000	万円 13,000	万円 14,000	万円 15,000	万円 16,000	万円 17,000	万円 18,000	万円 19,000
	万円	万円	万円	万円	万円	万円	万円	万円	万円	万円
必要な生命保険金額 子 1 人	1,529	1,958	2,434	3,100	3,767	4,434	5,100	5,767	6,464	7,282
子 2 人	770	960	1,200	1,450	1,772	2,200	2,629	3,058	3,486	3,915
子 3 人	630	780	930	1,080	1,240	1,440	1,675	1,925	2,175	2,443
子 4 人	490	640	790	940	1,090	1,240	1,390	1,540	1,720	1,920

● 2 億円台コース

控除前の遺産額 相続人の構成	万円 20,000	万円 21,000	万円 22,000	万円 23,000	万円 24,000	万円 25,000	万円 26,000	万円 27,000	万円 28,000	万円 29,000
	万円	万円	万円	万円	万円	万円	万円	万円	万円	万円
必要な生命保険金額 子 1 人	8,100	8,919	9,737	10,555	11,500	12,500	13,500	14,500	15,500	16,500
子 2 人	4,343	4,867	5,534	6,200	6,867	7,534	8,200	8,867	9,534	10,200
子 3 人	2,872	3,300	3,729	4,158	4,586	5,015	5,443	5,872	6,300	6,729
子 4 人	2,150	2,400	2,650	2,900	3,150	3,543	3,972	4,400	4,829	5,258

● 3億円台コース

控除前の遺産額 相続人の構成		万円 30,000	万円 31,000	万円 32,000	万円 33,000	万円 34,000	万円 35,000	万円 36,000	万円 37,000	万円 38,000	万円 39,000
必要な生命保険金額		万円	万円	万円	万円	万円	万円	万円	万円	万円	万円
	子　1　人	17,500	18,500	19,500	20,500	21,500	22,500	23,500	24,500	25,500	26,656
	子　2　人	10,867	11,534	12,200	12,928	13,746	14,564	15,382	16,200	17,019	17,837
	子　3　人	7,300	7,967	8,634	9,300	9,967	10,634	11,300	11,967	12,634	13,300
	子　4　人	5,686	6,115	6,543	6,972	7,400	7,829	8,258	8,686	9,115	9,734

● 4億円台コース

控除前の遺産額 相続人の構成		万円 40,000	万円 41,000	万円 42,000	万円 43,000	万円 44,000	万円 45,000	万円 46,000	万円 47,000	万円 48,000	万円 49,000
必要な生命保険金額		万円	万円	万円	万円	万円	万円	万円	万円	万円	万円
	子　1　人	27,878	29,100	30,323	31,545	32,767	33,989	35,212	36,434	37,656	38,878
	子　2　人	18,655	19,473	20,291	21,110	22,000	23,000	24,000	25,000	26,000	27,000
	子　3　人	13,967	14,634	15,300	15,967	16,634	17,300	17,967	18,634	19,391	20,209
	子　4　人	10,400	11,067	11,734	12,400	13,067	13,734	14,400	15,067	15,733	16,400

● 5億円台コース

控除前の遺産額 相続人の構成		万円 50,000	万円 51,000	万円 52,000	万円 53,000	万円 54,000	万円 55,000	万円 56,000	万円 57,000	万円 58,000	万円 59,000
必要な生命保険金額		万円	万円	万円	万円	万円	万円	万円	万円	万円	万円
	子　1　人	40,100	41,323	42,545	43,767	44,989	46,212	47,434	48,656	49,878	51,100
	子　2　人	28,000	29,000	30,000	31,000	32,000	33,000	34,000	35,000	36,000	37,000
	子　3　人	21,028	21,846	22,664	23,482	24,300	25,119	25,937	26,755	27,573	28,391
	子　4　人	17,067	17,734	18,400	19,067	19,734	20,400	21,067	21,734	22,400	23,067

● 6億円台コース

控除前の遺産額 相続人の構成		万円 60,000	万円 61,000	万円 62,000	万円 63,000	万円 64,000	万円 65,000	万円 66,000	万円 67,000	万円 68,000	万円 69,000
必要な生命保険金額		万円	万円	万円	万円	万円	万円	万円	万円	万円	万円
	子　1　人	52,323	53,545	54,767	55,989	57,212	58,434	59,656	60,878	62,100	63,323
	子　2　人	38,000	39,000	40,000	41,000	42,000	43,000	44,000	45,000	46,000	47,000
	子　3　人	29,209	30,028	30,846	31,664	32,500	33,500	34,500	35,500	36,500	37,500
	子　4　人	23,734	24,400	25,067	25,855	26,673	27,491	28,309	29,128	29,946	30,764

● 7億円台コース

相続人の構成＼控除前の遺産額		万円 70,000	万円 71,000	万円 72,000	万円 73,000	万円 74,000	万円 75,000	万円 76,000	万円 77,000	万円 78,000	万円 79,000
必要な生命保険金額		万円	万円	万円	万円	万円	万円	万円	万円	万円	万円
	子 1 人	64,545	65,767	66,989	68,212	69,434	70,656	71,878	73,100	74,323	75,545
	子 2 人	48,000	49,000	50,000	51,000	52,089	53,312	54,534	55,756	56,978	58,200
	子 3 人	38,500	39,500	40,500	41,500	42,500	43,500	44,500	45,500	46,500	47,500
	子 4 人	31,582	32,400	33,219	34,037	34,855	35,673	36,491	37,309	38,128	38,946

● 8億円〜10億円コース

相続人の構成＼控除前の遺産額		8億円	8.5億円	9億円	9.5億円	10億円
必要な生命保険金額		万円	万円	万円	万円	万円
	子 1 人	76,767	82,878	88,989	95,100	101,212
	子 2 人	59,423	65,534	71,645	77,756	83,867
	子 3 人	48,500	53,500	58,500	63,500	68,500
	子 4 人	39,764	44,000	49,000	54,000	59,000

（注）　場合によっては，相続財産完全防衛額（必要とする生命保険金）が控除前の遺産額を大きく上回っている。これは，生命保険金にかかる相続税額が大きくなり，それを補うためにまた生命保険金を増額するという計算の結果から生じる。このような場合には，相続税対策として生命保険だけでは限界にきているといえ，他の方法と合わせた利用が必要になってくる。

● 相続財産完全防衛額の算出方法はこのように……

> （例）遺産額 3億円 相続人……配偶者と子2人
> 各相続人は法定相続分を相続したと仮定

（111ページの表中の数字参照）

〈算出方法〉

① 課税価格

（遺産額）（必要な保険金）（生命保険金控除額）（課税価格）
30,000万円 + （ X − 500万円 × 3人）= X + 28,500万円

② 遺産に係る控除額を控除

（課税価格）（遺産に係る基礎控除）
（X + 28,500万円）− （3,000万円 + 600万円 × 3人）

= X + 23,700万円……遺産に係る基礎控除額を控除後の金額（課税遺産総額）

③ 各人の法定相続分に応ずる取得金額

配偶者 （X + 23,700万円）$\times \frac{1}{2} = \frac{1}{2}$X + 11,850万円

子 （X + 23,700万円）$\times \frac{1}{2} \times \frac{1}{2} = \frac{1}{4}$X + 5,925万円

子 （X + 23,700万円）$\times \frac{1}{2} \times \frac{1}{2} = \frac{1}{4}$X + 5,925万円

④ 相続税の総額の計算

（税率）（速算控除額）（各人の仮相続税額）

配偶者 $(\frac{1}{2}$X + 11,850万円）× 40% − 1,700万円 = $\frac{1}{5}$X + 3,040万円

子 $(\frac{1}{4}$X + 5,925万円）× 30% − 700万円 = $\frac{3}{40}$X + 1,077.5万円

子 $(\frac{1}{4}$X + 5,925万円）× 30% − 700万円 = $\frac{3}{40}$X + 1,077.5万円

相続税の総額…$\frac{7}{20}$X + 5,195万円

（注1）この段階ではXが不明であるから，税率および速算控除額は推定で与える。

⑤ 配偶者の法定相続分に対する税額軽減額

$(\frac{7}{20}$X + 5,195万円）$\times \frac{1}{2} = \frac{7}{40}$X + 2,597.5万円

⑥ 納税額

（相続税の総額）（配偶者の税額軽減額）
$(\frac{7}{20}$X + 5,195万円）− $(\frac{7}{40}$X + 2,597.5万円）= $\frac{7}{40}$X + 2,597.5万円

⑦ 必要な保険金額

$\frac{7}{40}$X + 2,597.5万円 = X

X − $\frac{7}{40}$X = 2,597.5万円

$(1 - \frac{7}{40})$ X = 2,597.5万円

$\frac{33}{40}$X = 2,597.5万円　　　X ≒ 3,149万円（1万未満切り上げ）

（注2）算出されたXの値を④に代入した結果，初めに設定した税率と一致すればOK。一致しなければ，再度推定値を与えて計算をくり返す。

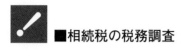**■相続税の税務調査**

　税務署では相続発生のずっと前から、被相続人に関する膨大な資料を蓄積しており、それらと申告内容とを照らし合わせたうえで、総合的な確認作業を行なうために調査を行なう。単に税務署に提出された相続税申告書の内容確認のためだけに、税務調査が行なわれるというわけではなく、相続税の税務調査では、次のような点についてチェック、確認が行なわれる。

- ●被相続人の趣味（例えば、ゴルフであれば、ゴルフ会員権を保有しているか否かなどのチェック）
- ●職業歴
- ●家族の構成
- ●入院期間（意能能力または行為能力の有無）とその期間の預貯金の管理者
- ●相続人および同居親族の収入源泉
- ●被相続人の収入状況とその預金先
- ●日常の生活費としてどれくらい使っていたか、どの口座から引き出していたのか
- ●各種税金・公共料金などの支払状況
- ●取引金融機関・証券会社・生命保険会社などの確認（担当者の有無）
- ●通帳・印鑑・証書・権利証・測量図面などの保管場所と管理者の確認
- ●貸金庫の有無
- ●借入金がある場合の使途の内容
- ●不動産等の譲渡がある場合の売却代金の確認
- ●電話帳・香典帳などの確認
- ●過年度の贈与の確認　　　　　　　　　　　　　　　　　　　など

　特に、金融機関などで被相続人はもとより相続人・同居親族のものを過去5年分は資料収集し、金額の突合を中心に申告漏れとなっている資産、名義預金、贈与などの事実を推定し、申告漏れとなっている財産を把握することになっている。特に妻名義の預貯金に対しては、かなり厳しく対応する。月々の生活費、不動産収入、その他まとまったお金が夫から妻に移動していれば、贈与の申告があったかどうかを確認していく。妻名義の預貯金が、夫のものであると指摘されれば、相続財産が増えて、相続税の負担が重くなる。したがって、被相続人等の預貯金の出し入れについては、ちゃんと説明できるようにしておく必要がある。

相続法のあらましと生命保険活用のポイント

第4章

① 相続法のあらまし

1．相続人の範囲（法定相続人）と法定相続分（民法886〜895）

民法では相続人の範囲を次の親族に限定しています（民法886〜895）。

●配偶者　　●子　　●直系尊属（親）　　●兄弟姉妹

法定相続分と遺留分はつぎのとおりです（民法900、同1028）。

	相続人とその相続割合ならびに遺留分							
	配偶者(常に相続人)		子ども（第一順位）		親　（第二順位）		兄弟姉妹(第三順位)	
	相続割合	遺留分	相続割合	遺留分	相続割合	遺留分	相続割合	遺留分
1	$\frac{1}{2}$	$\frac{1}{4}$	$\frac{1}{2}$	$\frac{1}{4}$	な　し	なし	な　し	なし
2	—	—	全　部	$\frac{1}{2}$	な　し	なし	な　し	なし
3	—	—	全　部	$\frac{1}{2}$	な　し	なし	—	—
4	—	—	全　部	$\frac{1}{2}$	—	—	な　し	なし
5	—	—	全　部	$\frac{1}{2}$				
6	$\frac{2}{3}$	$\frac{1}{3}$	—	—	$\frac{1}{3}$	$\frac{1}{6}$	な　し	なし
7	$\frac{3}{4}$	$\frac{1}{2}$	—	—	—	—	$\frac{1}{4}$	なし
8	全　部	$\frac{1}{2}$	—	—	—	—	—	—
9	—	—	—	—	全　部	$\frac{1}{3}$	な　し	なし
10	—	—	—	—	全　部	$\frac{1}{3}$	—	—
11	—	—	—	—	—	—	全　部	なし

（注）1．一印は該当する相続人がいないことを示します。
　　　2．1の場合、親と兄弟姉妹には相続分も遺留分もありません。配偶
　　　　者は$\frac{1}{2}$の財産を相続することができます。なお、遺言があった場
　　　　合、その内容がかりに財産の全部を他の人に遺贈するとなってい
　　　　ても、配偶者は$\frac{1}{4}$を遺留分として相続できます。こどもは相続分
　　　　$\frac{1}{2}$、遺留分$\frac{1}{4}$を均等に分けます

- ●法定相続分の基準 ‥‥‥‥配偶者以外の共同相続人の間では均分を原則としています。しかし、嫡出子と嫡出でない子、兄弟姉妹については父母を同じくするか否かによってそれぞれ差異（$\frac{1}{2}$）が設けられています。
- ●配偶者 ‥‥‥‥‥‥‥‥‥入籍されていることが条件です。
- ●胎　児 ‥‥‥‥‥‥‥‥‥既に生まれたものとみなされます。（ただし、死産のときは初めからいなかったものとして扱われます）
- ●子ども ‥‥‥‥‥‥‥‥‥① 他家に養子にいった子は実家と養子先の両方の相続人となります。ただし、「特別養子」の場合は実親に対する相続権はありません。
  - ② 母が再婚したときの連れ子は母の夫（義父）と養子縁組をしない限り義父の相続人にはなれません。
  - ③ 先妻の子は父の妻（義母）と養子縁組をしないと義母の相続人にはなれません。
  - ④ 婚姻外に生まれた子は父の認知がないと父の相続人にはなれません。
- ●代襲相続 ‥‥‥‥‥‥‥‥直系卑属（子ども）と兄弟姉妹には代襲相続が認められています（民法887）。
- ●同時死亡 ‥‥‥‥‥‥‥‥自動車事故などでよくある例ですが、被相続人と相続人のどちらが先に死亡したか判らない場合は同時死亡と推定し互いに相続しません。

2．遺産分割はこのようにして行う

遺産分割は、民法に定める法定相続分により行わなければならないという誤解があるようですが、遺産は相続人間の協議がまとまれば自由に分割することができます。

① 遺言があれば……

遺言があっても、相続人間および受遺者で話がまとまれば、遺言と異なる分割もできます。また、遺言にしたがって分割したとしても、相続人全員の権利を守るため遺留分による制限があります。遺留分とは、相続人がもらうことのできる最小限度の相続財産の割合、つまり被相続人の近親者に留保される相続財産の一定の割合をいいます。

遺留分合計	$\frac{1}{2}$	相続人が ●子どものみ ●子どもと配偶者 ●配偶者のみ ●配偶者と直系尊属（親）
	$\frac{1}{3}$	●直系尊属のみ

② 遺言がなければ……

　イ）相続人全員の合意によって協議分割されます。

　ロ）協議がまとまらない場合は家庭裁判所で分割を決めてもらいます。

3．相続形態のいろいろ

- **単純承認**——被相続人の権利及び義務（債務）を無限に承継する（民法896）
- **限定承認**——相続人が相続によって得た財産の範囲内で債務を弁済することを条件として相続する（相続人全員の合意で家庭裁判所へ。民法922）
- **相続放棄**——相続人が相続によって発生する相続財産の権利義務の自己帰属を放棄する（家庭裁判所へ手続きをとる。1人でも可。民法938）

4．遺言の方式・その他

- 遺言の方式には次のようなものがあります。

普　通　方　式	● 自筆証書遺言 ● 公正証書遺言 ● 秘密証書遺言	
特　別　方　式	● 危急時遺言	● 一般危急時遺言 ● 難船危急時遺言
	● 隔絶地遺言	● 一般隔絶地遺言 ● 船舶隔絶地遺言

- 相続財産分割の方式には次のようなものがあります。

　①現物分割　　②換価分割　　③代償分割　　④共有

　　代償分割とは…

　　相続財産の分割は、相続した財産を分割することが建前となっていますが、相続によって取得する財産のうちには分割不可能なものもあります。このような場合には相続財産を相続人間で分割せず、特定の相続人が自分の相続分を超えて相続財産を取得する代わりに、その者の固有財産を他の相続人に提供することにより遺産分割が行われる場合があります。このような遺産分割を一般に「代償分割（支払い）」又は「債務負担による遺産分割」といいます。

- **相続の欠格**とは……

　　被相続人を殺害したり被相続人の遺言書を偽造したなどの場合には相続人にはなれません。これを相続の欠格といいます。

● **相続人の廃除**とは……

　　被相続人の生前に被相続人を虐待したり、重大な侮辱を加えたり、相続人とし
　て著しい非行があった場合、被相続人の申し立て（家庭裁判所）により相続権を
　取り上げることができます。

■相続は必ずいつかやってきます
■相続はいつ起こるかわかりません
■起きてからでは遅すぎます
■だから、その対策は今のうちに……

１．相続税の支払い準備を怠っていると………

高額の相続税支払いでせっかくの財産もパー

●こんな人はご用心！

経営者　　事業主　　医師　　資産家
　　　　（商店主）

遺産３億円以上なら相続税対策
の１つに無税贈与話法による準
備を１枚加えてみたら……

2．円満な財産分け準備を怠ると、たとえ相続税はかからなくとも……

苦労して築いた財産がバラバラになります

3．相続を "争族" にさせないための配慮も必要です

●サラリーマンの方………

　お子さまは均分に相続権を持っておられます。

　戦前のように長子相続というわけにはまいりません。

●事業をなさっている方………

　繁華街なればこそのご商売です。

　土地、店舗、工場あればこそのご事業です。

　それだけに、なおさら円満な財産分けのご準備が必要です。

〈設例〉老舗を兄弟3人で相続した場合

長男が老舗を継げば

老舗を
1億5000万円
とすると……

老舗1億5,000万円のうちには次男、長女の取り分がそれぞれ5,000万円ずつある。そこで、父がその生前に次男・長女と話し合い、無税贈与話法を利用すると…第6章第4節参照

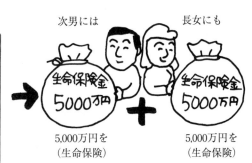

次男には　　　　　　長女にも

5,000万円を
（生命保険）

5,000万円を
（生命保険）

円満な財産分けができます

なぜ相続税の支払い準備が必要かというと…

1. 資産家にとり相続税はこわい税金です

■ 令和3年分の相続税について

> ● 被相続人数（死亡者数）……………… 143万9,856人
> ● 被相続人数（相続税の課税対象者）… 13万4,275人
> ● 相続税の納税者数…………………………29万3,741人
> ● 相続税の課税価格 ………………… 18兆6,038億円
> ● 相続税の納付税額 ………………… 2兆4,439億円

令和3年度版「国税庁統計年報」から

■ 令和3年中の相続税にみる主な遺産とその占率

3分の1が土地

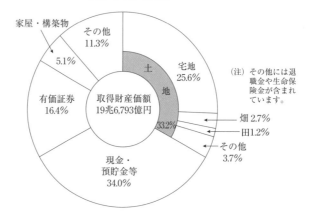

■ 2億円（課税価格）を超える遺産を残した人は……5万5,021人

■ 延納件数……全体の約1割

> ● 延納利子税（原則として年6％）の恐ろしさをご存じですか。
> ● 延納利子税額を前払いする気持ちで保険料に充当すると、延納税額程度の保険金額は楽に加入できます。

2．三度相続を行えば無一文？

なぜなら、相続税は累進課税だから！

相続税額速算表

法定相続分に応ずる取得金額(A)	税率(B)	速算控除額(C)	法定相続分に応ずる取得金額(A)	税率(B)	速算控除額(C)
1,000万円以下	10%	― 万円	20,000万円以下	40%	1,700万円
3,000　〃	15	50	30,000　〃	45	2,700
5,000　〃	20	200	60,000　〃	50	4,200
10,000　〃	30	700	60,000　超	55	7,200

相続税額＝（A）×（B）－（C）

当初遺産額10億円とその手取り相続財産の推移（子1人で相続）

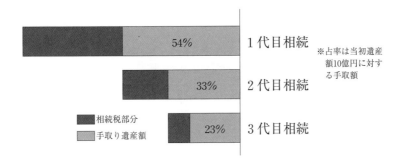

1代目相続　54%
2代目相続　33%
3代目相続　23%

■相続税部分
□手取り遺産額

※占率は当初遺産額10億円に対する手取額

3．これだけ相続税がかかります

相続税額早見表

（A）は生命保険に未加入
（B）は生命保険に加入
（単位：万円）

相続人／遺産の総額	子　1　人		子　2　人		子　3　人		子　4　人	
	(A)	(B)	(A)	(B)	(A)	(B)	(A)	(B)
1億円	1,220	1,070	770	620	630	405	490	260
2　〃	4,860	4,660	3,340	3,040	2,460	2,140	2,120	1,720
4　〃	14,000	13,750	10,920	10,520	8,980	8,380	7,580	6,980
6　〃	24,000	23,750	19,710	19,260	16,980	16,380	15,040	14,240
8　〃	34,820	34,545	29,500	29,000	25,740	25,065	23,040	22,240
10　〃	45,820	45,545	39,500	39,000	35,000	34,250	31,770	30,870

4．知らないと損をする相続税の落とし穴

■　相続税は10か月以内に原則として現金で納めなければなりません。

申告期限をすぎたり、修正決定などを受けると、次のような加算が行われます。

種　　類		課税される場合	税　　率
延滞税		期限後に納付した場合	年14.6% （2か月以内は原則 として年7.3%）
加 算 税	過少申告 加算税	期限内に提出した申告書の税額が申告もれなどで過少であった場合で、税務調査の後に修正申告したとき（場合により5%加重）	10%
	無申告 加算税	期限内に申告せずに、その後に納税者が自主的に申告したとき	5％
		期限内に申告せず、かつ、税務調査が行われた後に申告したとき	15%
	重加算税	申告書を提出した場合で、仮装隠ぺいの事実があるとき	35%
		申告書を提出していなかった場合で、仮装隠ぺいの事実があるとき	40%

（注）延滞税は、特例基準割合が1％の場合、年8.9%（2か月以内は年2.6%）となる。

■　物納の場合の評価額は、原則として課税価格の計算の基礎となった相続税評価額です。場合によっては時価よりも低くなります。

■　延納（原則として5年）の場合は延滞利子（原則として年6.0%。延納特例基準割合が0.9%の場合は0.7%）が加算されます。

相続税の延納と利子税（相法52）

【設例】①相続税額2,000万円、納期限（申告期限）・2023年4月1日

②同上のうち延納の許可を受けた税額1,000万円

③延納条件5年年賦で分納税額の納期限は毎年4月1日

④利子税の特例は考慮していない。

区　分	納　期　限	分納税額	延納税額に対する利子税				納付すべき利子税の額
			延納税額	月数	年6.0%	利　子　税	
		万円	万円	月	年 %	円	円
第1回	'23.4.1	200	200	12	6.0	120,000	600,000
			800	12	6.0	480,000	
第2回	'24.4.1	200	200	12	6.0	120,000	480,000
			600	12	6.0	360,000	
第3回	'25.4.1	200	200	12	6.0	120,000	360,000
			400	12	6.0	240,000	
第4回	'26.4.1	200	200	12	6.0	120,000	240,000
			200	12	6.0	120,000	
第5回	'27.4.1	200	200	12	6.0	120,000	120,000（合計 180万円）

(注) 利子税の確定金額に100円未満の端数があるとき、またはその金額が1,000円未満であるときは、その端数金額またはその金額を切り捨てる（国税通則法119④）。

〈相続税額の具体的計算方法は、このコーナーの第7節に記載しております。ご参照ください〉

１．相続税の計算の仕組み

相続税の課税方式は、被相続人の遺産額を求め、これに税率をかけるという単純なものではありません。実際の相続税計算の仕組みは、少し複雑な方法となっています。

そこで、まず相続税の計算方法について、全体の流れをみておきましょう。

それは、「課税価格の計算」と「相続税の総額の計算」、そして「納付税額の計算」の大きく３つに分かれています。

① **課税価格の計算** ……相続や遺贈によって財産を取得した人、１人ごとに計算します。

② **相続税の総額の計算** ……財産を取得した人全員の負担税額を計算します。

③ **納付税額の計算** ……各種の税額調整項目をあてはめて１人ごとの納税額計算します。

課税価格とは、相続や遺贈で財産を取得した人のそれぞれの課税対象額のことで、相続人や受遺者について、個別に計算します。

課税価格が求められると、次に財産を取得した人全員に対する相続税の総額を求めます。その計算方法は、法定相続人が法定相続分どおり取得したものと仮定して計算する独特の計算方法です。

最後に実際に納付すべき相続税額を個別に計算しますが、この段階で「贈与税額控除」や「配偶者の税額軽減」など、いくつかの税額調整事項をあてはめます。

2．相続税の計算方法

〔相続税額計算順序の概略〕

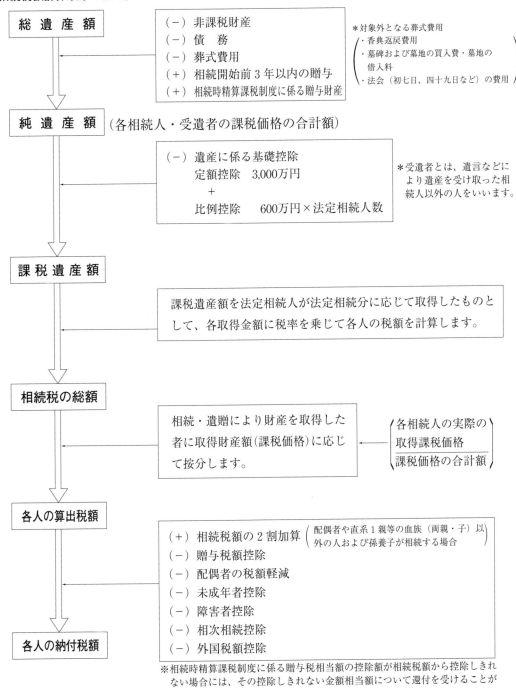

3．主な相続財産と評価額

相続財産	評価額の出し方
宅　　　地	■市街地の場合 　路線価×面積＝評価額 ■郊外や農村部の場合 　固定資産税評価額×評価倍率＝評価額 ※貸している場合→上記の評価額×（1－借地権割合） 　　　　　　　　　　　　　　＝評価額 ※貸し家を建てている場合→上記の評価額×（1－借地権割合 　　　　　　　　　　　　　　×借家権割合×賃貸割合）＝評価額
家　　　屋	・自　　宅→固定資産税評価額＝評価額 ・貸　　家→固定資産税評価額×（1－借家権割合×賃貸割合）＝評価額
現　　　金	保有金額＝評価額
預　貯　金	預入残高＋解約後の利子から20％の税金を引いた金額＝評価額
生 命 保 険	原則として解約返戻金の額＝評価額
死亡退職金	死亡退職金－500万円×法定相続人の数＝課税対象額
ゴ　ル　フ 会　員　権	取引相場×70％＝評価額 ※株式形態の会員権で入会金が必要なものは入会金の運用益も加味するため若干方法が違います。
上 場 株 式	次の①〜④のうち最も低い価格＝評価額 ①課税時期の終値　②課税時期の属する月の終値の月平均額　③課税時期の前月の終値の月平均額　④課税時期の前々月の終値の月平均額
家庭用財産	新品の購入価額－減価償却費相当額＝評価額

■相続税がかからない主な財産

・お墓、葬祭具など	・死亡退職金の一部
・公益事業用財産	・相続財産を国などへ寄付した場合
・死亡保険金の一部	・心身障害者共済制度の給付金など

■　宅地の評価には 2 つの方式がある

　宅地の評価は、利用の単位となっている 1 区画の宅地ごとに次のように行います。その評価方法には 2 つの方式があり、 1 つは「路線価方式」、もう 1 つは「倍率方式」と呼ばれます。

①　路線価方式

　主に市街地の宅地の評価に用いられる評価方法です。

　その宅地が面する路線に付けられた路線価（標準的な形状の宅地の単位当たり価額が同一であると認められる街路ごとに付けられた 1 ㎡当たりの価額）をもとに土地の面積をかけて算出した金額によって評価します。評価する宅地の奥行、間口、道路との関係、形状などに応じて、加算・減算を行って評価します。

　路線価は、国税庁のホームページや全国の国税局・税務署でもパソコンにより閲覧できます。

　毎年、全国の「平均路線価」や「最高路線価」が新聞などで大きく報じられます。「平均路線価」とは、標準地（基準地点）の価格の平均額をいい、「最高路線価」とは、各税務署管内の土地で、最も価格の高いところをいいます。

②　倍率方式

　郊外の土地や農村部の土地など、市街地以外にある宅地の評価に用いられる方法です。路線価方式により評価する地域以外の宅地は、すべてこの方法によって評価することになります。

　その宅地の固定資産税評価額に所定の倍率をかけて評価します。固定資産税評価額は、都税事務所や市（区）役所または町村役場で尋ねるとわかります。毎年 4 月頃送られてくる固定資産税の納税通知書にも金額が記載されていますが、これは「課税標準額」であって倍率方式の基となる評価額とは違いますから、注意してください。

　固定資産税評価額にかける倍率は、税務署に用意されている相続税の評価基準書で確認します。

　なお、倍率方式には路線価方式のような地形や奥行距離などに応じた調整はありません。

４．小規模宅地等の課税の特例

■ 事業用や居住用の土地は評価額を軽減

　事業用や居住用の土地は、もともと処分できない生活を維持するための財産です。それを処分しなければ、相続税を支払えないような高い評価額で課税されてはたまりません。こうした実情に配慮して設けられているのが「**小規模宅地等についての相続税の課税価格の計算の特例**」（措法69の４）です。

　特例の対象となる宅地については、路線価や倍率方式による通常の評価額から、特定事業用は400㎡、特定居住用は330㎡、不動産貸付は200㎡までの部分に限り、一定の割合で減額し、相続税の課税対象額とするものです。減額割合は80％と50％の２通りで、被相続人の事業用や居住用の土地を、誰が、どのように相続したか…などにより異なります。

　事業用地の減額割合は、被相続人の事業を相続人が引き継いだ場合は80％、引き継がない場合は減額なしとなりますが、80％の減額対象となる事業には、アパート経営など不動産の貸し付けは含まれません。

■ 未分割の土地には適用されない

　小規模宅地等の減額特例は、未分割の土地には適用されません。

　つまり、相続税の申告期限までに相続人間で遺産分割を行い、だれが取得するかを確定しないと、減額は認められません。

小規模宅地等の課税の特例

宅地等			上限面積	減額割合
貸付事業以外の事業用宅地			400㎡	80％
貸付事業用	特定同族会社の事業用宅地	事業継続	400㎡	80％
	その他		200㎡	50％
居住用宅地		居住継続	330㎡	80％

（注）１．事業継続または居住継続とは、相続税の申告期限（相続開始後10か月）まで事業または居住を継続する場合をいう。
　　　２．「宅地等」とは、宅地および借地権をいう。

① 居住又は事業を継続する者としない者が宅地等を共同相続した場合には、取得した者ごとに適用要件を判定します。

② 居住用の部分と貸付用の部分があるマンションの敷地等については、それぞれの部分ごとに按分して軽減割合を計算します。

③　居住用の宅地等が複数ある場合の特例の適用対象は、主として居住の用に供されていた一つの宅地等となります。

　この特例の適用は、被相続人ベースで400㎡、330㎡または200㎡までに限られます。限度面積は、貸付事業用宅地等がない場合で事業用宅地等と居住用宅地等を選択する場合には合計730㎡となる。

　なお、特例適用について2つの期限条件が設けられています。第1は、相続税の申告期限までに遺産分割されていなければ、いったん減額適用前の税額を納付しなければなりません。第2は、申告期限から3年以内に遺産分割が終了していないと、特例の適用はまったく受けられません。

5．自社株（非上場株）の評価方法

■ 非上場株の評価は複雑

　株式の評価でもっとも問題になるのは、取引相場のない自社株、すなわち非上場株です。この評価は大変に複雑ですから、専門家に任せるべきですが、その概略だけは知っておきましょう。会社の規模によって評価方法が次のように分かれます。

①　**類似業種比準価額方式**

②　**純資産価額方式**

③　**①と②の併用方式**

④　**配当還元方式**

●類似業種比準価額の計算方式

$$\begin{array}{c}\text{1株当たりの類似業種}\\ \text{比　準　価　額}\end{array} = A \times \left(\dfrac{\dfrac{Ⓑ}{B} + \dfrac{Ⓒ}{C} + \dfrac{Ⓓ}{D}}{3} \right) \times \left(\begin{array}{l} \text{大会社0.7}\\ \text{中会社0.6}\\ \text{小会社0.5} \end{array} \right)$$

A：課税時期の属する月以前3か月間の各月の類似業種の株価と前年平均株価または課税時期の属する月以前2年間の平均株価のうち、最も低いもの

B：類似業種の1株当たりの配当金額

C：類似業種の1株当たりの年利益金額

D：類似業種の1株当たりの純資産価額（帳簿価額によって計算した金額）

Ⓑ：評価会社の直前期末以前2年間の平均による1株当たりの配当金額

Ⓒ：評価会社の直前期末以前1年間における1株当たりの利益金額
（欠損の場合はⒸ＝0とします）

Ⓓ：評価会社の直前期末における1株当たりの純資産価額（帳簿価額によって計算した金額）

●純資産価額の計算式

$$\begin{array}{c}\text{1株当たりの}\\ \text{純資産価額}\end{array} = \dfrac{\begin{array}{c}\text{資産の合計額}^{(注1)}\\ \text{（相続税評価額）}\end{array} - \begin{array}{c}\text{負債の}\\ \text{合計額}^{(注2)}\end{array} - \begin{array}{c}\text{評価差額に対する}\\ \text{法人税等相当額}^{(注3)}\end{array}}{\text{発行済株式数}}$$

(注1) 前払費用や繰延資産など資産性のないものは除きます。

(注2) 会社の負債として計上されていないものでも、前期分の法人税や事業税などの税金や配当金、利益処分による役員賞与などは負債とされます。ただし、退職給与引当金を除く引当金は負債とはしません。

(注3) 評価差額に対する法人税等相当額は、次の算式で計算します。

$$\begin{array}{c}\text{評価差額に対する}\\ \text{法人税等相当額}\end{array} = \left\{ \left(\begin{array}{c}\text{相続税評価額に}\\ \text{よる資産合計額}\end{array} - \begin{array}{c}\text{負債の}\\ \text{合計額}\end{array} \right) - \left(\begin{array}{c}\text{帳簿価額による}\\ \text{資産の合計額}\end{array} - \begin{array}{c}\text{負債の}\\ \text{合計額}\end{array} \right) \right\} \times 37\%$$

●配当還元価額の計算式

$$\begin{array}{c}\text{1株当たりの}\\ \text{配当還元価額}\end{array} = \dfrac{\begin{array}{c}\text{その株式に係る}\\ \text{年配当金額}\end{array}}{10\%} \times \dfrac{\begin{array}{c}\text{その株式の1株当たり}\\ \text{の資本金等の額}\end{array}}{50円}$$

●非上場株の評価区分

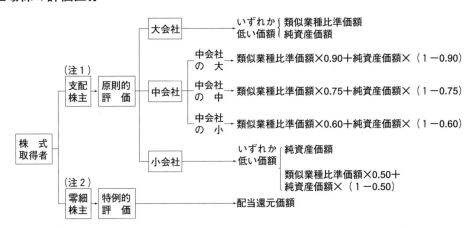

（注1）「支配株主」とは、議決権割合が30％以上の株主グループ（1グループだけで50
　　　　％以上所有している場合は、その50％以上の株主グループ）をいい、オーナー一
　　　　族はほとんどがこれに該当します。
（注2）「零細株主」とは、支配株主以外の議決権割合が少ない者（たとえば従業員株主）
　　　　をいいます。

●会社規模の区分

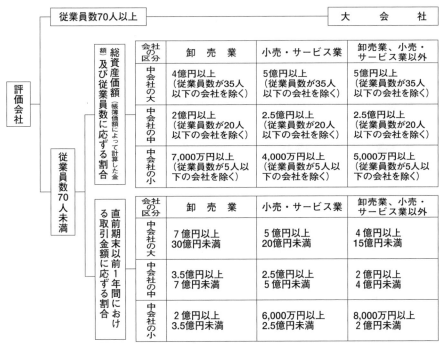

（注）　総資産価額からみた場合と取引金額からみた場合とが異なるときは、いずれか大きい数値に該
　　　当するものをとります。

6. 延納・物納

　相続税は、原則として、現金で一括して納めなければなりません。しかし、実際問題として、納められない場合はどうすればいいのでしょうか？

　その代表的な方法が「**延納**」と「**物納**」です。

① 延納とは

　延納とは、不動産など金銭以外の財産を多く相続したために、金銭による相続税の納税が困難な場合、年払で分割して納めることを認める制度です。

　ただし、延納が認められるためには次のような条件があります。

延納の条件	① 相続税額が10万円を超えていること ② 金銭納付を困難とする事由があり、その金額の範囲内であること ③ 申請書および担保提供関係書類を期限内に提出すること ④ 延納税額に相当する担保を提出すること 　（延納税額が100万円以下で、かつ、延納期間が3年以下である場合は担保の提供は不要）

② 物納とは

　土地しか相続しなかったなど、金銭で一時に多額の相続税を納めることができない場合には、物納制度があります。

　物納が認められるには、次の条件を満たすことが必要です。

物納の条件	① 延納によっても金銭納付を困難とする事由があり、その金額の範囲内であること ② 申請書および物納手続関係書類を期限内に提出すること ③ 物納に充てることのできる財産であり、定められた順位によっていること ④ 物納適格財産であること

　物納に充てることのできる財産の種類とその順序は次のように定められています。

物納に充てることができる財産の種類	順　位
国債、地方債、不動産、船舶、上場株式等	第1順位
非上場株式等（社債、株式、証券投資信託と貸付信託の受益証券）	第2順位
動産	第3順位

●本当に毎年納税していけるのか？

　延納期間は、原則として5年以内ですが、相続財産のうち不動産等の占める割合により最高20年の延納が認められます。

　延納を利用する場合、もっとも大きな問題は、本当に毎年納税していけるのか、ということです。たとえば、延納期間が最高の20年とすると、毎年延納税額の5％ずつ支払っていくことになります。さらに、延納利子税が3.6％かかるとすると、初年度は延納税額の8.6％を支払うことになります（延納利子税は未返済の延納税額にかかりますから、毎年きちんと納税していけば、年々利子税の負担は減っていきます）。

　仮に、相続税額が3億円だった場合、2,580万円も納めなければいけないのです。

　大型相続のケースでは、延納だけに頼ることは難しいといえます。

相続税の延納利子税の年割合及び延納期間一覧表

区　　　　分		延納期間（最高）	延納利子税割合（年割合）	特例割合※（年割合）
不動産等の価額が75％以上の場合	①動産等に係る延納相続税額	10年	5.4％	0.6％
	②不動産等に係る延納相続税額（③を除く。）	20年	3.6％	0.4％
	③計画伐採立木の割合が20％以上の場合の計画伐採立木に係る延納相続税額	20年	1.2％	0.1％
不動産等の価額が50％以上75％未満の場合	④動産等に係る延納相続税額	10年	5.4％	0.6％
	⑤不動産等に係る延納相続税額（⑥を除く。）	15年	3.6％	0.4％
	⑥計画伐採立木の割合が20％以上の場合の計画伐採立木に係る延納相続税額	20年	1.2％	0.1％
不動産等の価額が50％未満の場合	⑦一般の延納相続税額（⑧，⑨及び⑩を除く）	5年	6.0％	0.7％
	⑧立木の割合が30％を超える場合の立木に係る延納相続税額（⑩を除く。）	5年	4.8％	0.5％
	⑨特別緑地保全地区等内の土地に係る延納相続税額	5年	4.2％	0.5％
	⑩計画伐採立木の割合が20％以上の場合の計画伐採立木に係る延納相続税額	5年	1.2％	0.1％

※上記の割合は，令和5年1月1日現在の延納特例基準割合が0.9％の場合。

●物納の収納価額は相続税評価額

　物納する財産を税務署が引き取る価格、つまり収納価額は、原則として相続税を計算したときの評価額となります。不動産を売却して現金で納税しようとすると、売却益に所得税・住民税がかかります。物納が有利なのは、収納価額と売却したときの残額を比べ、収納価額が上回っているときです。

　不動産の価格が下がっているときには、時価より高い価格で納税することができる物納を検討することが必要です。

●相続税の連帯納付義務とは

　相続税及び贈与税は、相続又は贈与によって取得した財産に課税する財産税であるため、財産の取得者にとって金銭納付が必ずしも容易ではなく、また、国にとっても租税債権が確保し易いために、次のような連帯納付義務が設けられている（相法34）。

(1)　相続人又は受遺者が2人以上ある場合の連帯納付の義務

(2)　被相続人が納付すべき相続税又は贈与税の連帯納付の義務

(3)　贈与、遺贈又は寄附行為により財産を取得した者の連帯納付の義務

(4)　財産を贈与した者の連帯納付の義務

　つまり、相続等により財産を取得したすべての者は、たとえ自身の納付すべき相続税額を完納していたとしても、その相続等により受けた利益の価額を限度として、互いの連帯納付の義務を負うことになる。

●ある日、突然やってくる恐怖？

　本来の納税義務者が資力の低下等により相続税を滞納していた場合、税務当局から連帯納付義務者に対して、当該納税義務者が相続税を滞納していることにより連帯納付義務が発生している旨、および連帯納付義務の履行を促す通知等が行なわれないまま、督促が行なわれ、督促を受けて初めて連帯納付義務が発生している事実を知り、高額な延滞税を併せて納付しなければならない、などの問題点があった。

　そこで、平成23年6月改正において次のように改正された。

(1)　税務署長は、連帯納付義務者（納税義務者を除く。以下同じ。）から相続税を徴収しようとする場合等には、当該連帯納付義務者に対し、納付通知書による通知等を行なわなければならない（相法34）。

　　(注)　平成23年6月30日以後に発せられる通知について適用。

(2)　相続税の連帯納付義務者が連帯納付義務を履行する場合における当該相続税に併せて納付すべき延滞税については、原則として、利子税に代える（相法51の2）。

　　(注)　平成23年4月1日以後の期間に対応する延滞税について適用され、平成23年3月31日以前の期間に対応する延滞税については従来どおり。

　さらに、平成24年度改正では、次の場合には連帯納付義務を解除することが決まった。

イ　申告期限等から５年を経過した場合（ただし、申告期限等から５年を経過した時点で連帯納付義務の履行を求めているものについては、その後も継続して履行を求めることができることとする）

ロ　納税義務者が延納又は納税猶予の適用を受けた場合

(注)　平成24年４月１日以後に申告期限等が到来する相続税について適用。ただし、同日において滞納となっている相続税についても同様の扱いとする。

⑤ 円満な財産分けにはこんな準備が必要です

　昭和22年5月3日に発効の新民法に規定された「均分相続分」が年とともにクローズアップされてきています。最高裁判所事務総局「司法統計年報　家事編」中の相続放棄件数の推移をみても、戦後30余年間で大きく減少しており、戦後の教育を身につけた若い方が自らの権利に対し極めてドライに考え、「もらえるものは何としてもいただきましょう！」という風潮にあることを示しているといえるでしょう。

　従って、せっかく苦労して入手したマイホームも、相続税の心配はなくとも遺産分けの心配が大きな問題となって台頭してきています。特にお子さまが2人以上いる場合において心配な問題です。

　わが子に限って──と安心なさるよりも合理的な対策が肝要でしょう。

1. 相続は争族？　にぎわう家庭裁判所

- ●お店をつぶした話

　Aさんは従業員を60人使っている印刷会社の社長さん。会社はAさんと長男夫婦が切り回し商売繁盛でした。ところが、Aさんが脳出血で突然死亡……葬式がすむと4人の弟姉妹が長男へ「平等の相続権利」を主張しました。長男はそんなことをしては会社が成り立たないと説得しましたが、とうとう裁判ざたになりました。

　ごたごたの繰り返しで長男はもちろん、従業員の士気もあがらず、得意先も同業者にとられ、ついに会社も自宅も人手に渡ってしまいました。

- ●借地であっても……

　借地権(高い場所は自用地の8割程度に評価)をめぐって兄弟で争い、とうとう店舗と借地権を売って分割、年老いた母は老人ホームへ─こういうケースもございます。

- ●サラリーマンでも

　教育費や住宅ローンを抱えているサラリーマン、父の残したマイホームを兄弟姉妹で分割をめぐって争うケースが最近とくに多くなっています。

2．相続人1人当たりの法定相続分はこんな具合に……

相続人1人当たりの法定相続分　　　（単位　万円）

遺産 の総額	配偶者と子ども1人 配 偶 者	配偶者と子ども1人 子ども1人当たり	配偶者と子ども2人 配 偶 者	配偶者と子ども2人 子ども1人当たり	配偶者と子ども3人 配 偶 者	配偶者と子ども3人 子ども1人当たり	配偶者と子ども4人 配 偶 者	配偶者と子ども4人 子ども1人当たり
5,000 万円	2,500	2,500	2,500	1,250	2,500	833.3	2,500	625
6,000 〃	3,000	3,000	3,000	1,500	3,000	1,000	3,000	750
7,000 〃	3,500	3,500	3,500	1,750	3,500	1,166.6	3,500	875
8,000 〃	4,000	4,000	4,000	2,000	4,000	1,333.3	4,000	1,000
9,000 〃	4,500	4,500	4,500	2,250	4,500	1,500	4,500	1,125
1 億円	5,000	5,000	5,000	2,500	5,000	1,666.6	5,000	1,250
1.5 〃	7,500	7,500	7,500	3,750	7,500	2,500	7,500	1,875
2 〃	10,000	10,000	10,000	5,000	10,000	3,333.3	10,000	2,500
3 〃	15,000	15,000	15,000	7,500	15,000	5,000	15,000	3,750
4 〃	20,000	20,000	20,000	10,000	20,000	6,666.6	20,000	5,000
5 〃	25,000	25,000	25,000	12,500	25,000	8,333.3	25,000	6,250
10 〃	50,000	50,000	50,000	25,000	50,000	16,666.6	50,000	12,500

（注）現物分割が困難な場合には、現物を相続しない他の相続人の法定相続分の準備が必要です。
　　　上記の数字はその準備すべき金額の簡易一覧表です。

3．法律の目の及ばない方へも思いやりを確かなものに！

例えば、法定相続でみた場合

●奥さまとお子さまがいらっしゃいますと、年老いたご両親の相続分はゼロ。

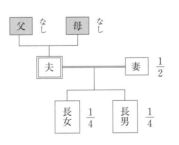

何らかの対策が必要です。

無税贈与契約方式による老後

資金準備など考えては……。

●夫と義父が交通事故で同時に死亡、子どもがなく、財産は義父の名義。この場合、すべての財産は義母へ。妻にはゼロ。妻を死亡保険金受取人とした生命保険契約への新たな加入が必要です。

6 なぜ生命保険の利用が相続対策上有利なのでしょう

1. いつ相続の事態が生じても、必要とする相続対策資金（相続税・円満な財産分け資金）が即座に現金で支払われるからです。

2. 受取人と受取金額を指定することで相続のバランスをとることができ、計画的に財産の細分化が防止できます。

3. 法定相続人以外の人にも確実に財産の配分ができます。なぜなら、生命保険金は受取人固有の財産だからです。無税贈与契約方式で生前贈与をしておけば、さらに安全・確実です。

4. 借金の返済が確実に保障されます。つまり、事業資金・土地住宅の借入金返済が受取保険金で可能となるからです。相続放棄や限定相続では、相続される方の信用にキズがつきます。

5. 法定相続人1人につき500万円の非課税の特典があります。銀行預金や有価証券などにはこの特典はありません。

－500万円×法定相続人の数＝課税財産

－ 0 ＝課税財産

――以上を裏返して考えますと、これらの点がそれぞれ相続（税）対策に生命保険を活用するポイントになるわけです――

7　相続税額の簡便計算はこの演習方式でどうぞ

妻と子ども2人（計3人）で、下記のような相続財産を各相続人が法定相続分どおり相続したと仮定し試算しています。

■相続財産はおいくらでしょうか？

宅　地	●路線価×面積（㎡） ●固定資産税評価額×倍率 ※小規模宅地等の評価減がある	㋐　　　　万円 **6,000**
家　屋	固定資産税評価額　　万円 **1,500** ※貸家の価格＝固定資産税評価額×（0.6～0.7）　× 1 ＝	㋑　　　　万円 **1,500**
一般動産	調達価格・時価　　万円 **1,500**　＝	㋒　　　　万円 **1,500**
有価証券	実際取引相場　　万円 **3,000**　＝	㋓　　　　万円 **3,000**
立　木	時価　　　　　　万円 —　×0.85 ＝ （8割5分）	㋔　　　　万円 —
農　地	（宅地としての評価額－造成費）万円 —　×0.8 ＝ 市街地周辺農地の場合　（8割）	㋕　　　　万円 —
その他	6,000万円　　3,000万円　　300万円 **死亡保険金**、退職金、現金　年金 預貯金　宝石　書画　など 900万円	㋖　　　　万円 **10,200**
相続財産の総額は………………………		22,200万円

■相続税の支払い準備のために （相続税の計算）

① 相続財産額（各相続人が取得する遺産の総額・非課税財産も含む。また、相続時精算課税制度に係る贈与財産がある場合は加算する）

相続財産額	
22,200	万円

② 課税価格（相続財産額より相続税のかからないものを差し引く。）

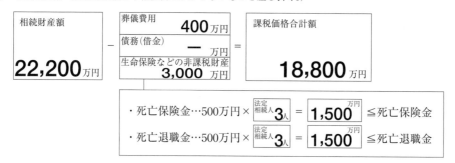

③ 課税される遺産額（課税価格より基礎控除額を差し引く。）

④ 相続税総額（各相続人が法定相続分どおり相続したものとして求める。）　—税率は巻末参照—

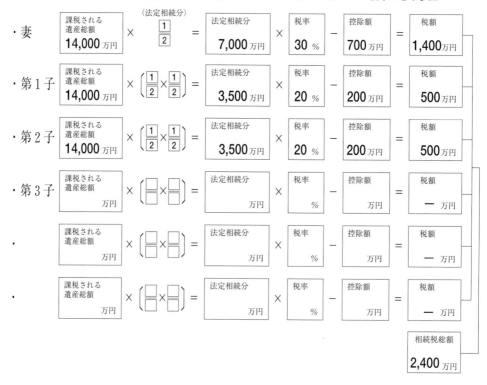

⑤　各人の相続税額（各人が実際に相続した課税価格の按分で税額を分担する。）

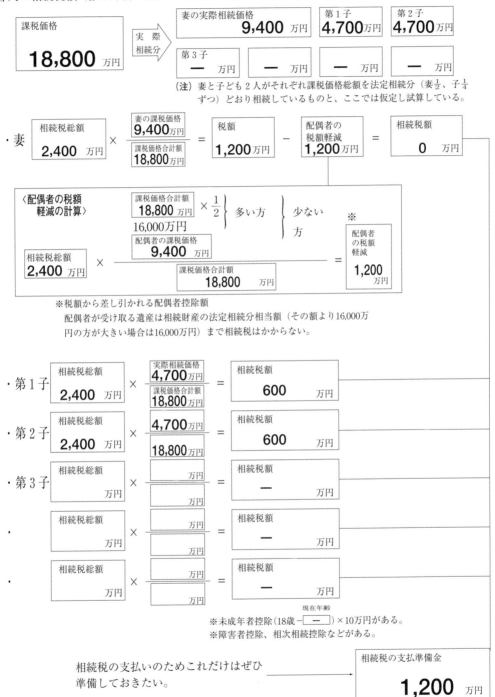

課税価格
18,800 万円

実際相続分 →

妻の実際相続価格 **9,400** 万円

第1子 **4,700** 万円

第2子 **4,700** 万円

第3子 **—** 万円　**—** 万円　**—** 万円　**—** 万円

(注) 妻と子ども2人がそれぞれ課税価格総額を法定相続分（妻$\frac{1}{2}$、子$\frac{1}{4}$ずつ）どおり相続しているものと、ここでは仮定し試算している。

・妻

相続税総額 **2,400** 万円 × $\dfrac{妻の課税価格\ 9,400万円}{課税価格合計\ 18,800万円}$ = 税額 **1,200** 万円 − 配偶者の税額軽減 **1,200** 万円 = 相続税額 **0** 万円

〈配偶者の税額軽減の計算〉

$\left.\begin{array}{c}\text{課税価格合計額}\ \mathbf{18,800}\ 万円 \times \frac{1}{2} \\ 16,000万円\end{array}\right\}$ 多い方 $\left.\begin{array}{c} \\ \end{array}\right\}$ 少ない方

相続税総額 **2,400** 万円 × $\dfrac{配偶者の課税価格\ \mathbf{9,400}\ 万円}{課税価格合計額\ \mathbf{18,800}\ 万円}$ = ※ 配偶者の税額軽減 **1,200** 万円

※税額から差し引かれる配偶者控除額
配偶者が受け取る遺産は相続財産の法定相続分相当額（その額より16,000万円の方が大きい場合は16,000万円）まで相続税はかからない。

・第1子　相続税総額 **2,400** 万円 × $\dfrac{実際相続価格\ \mathbf{4,700}万円}{課税価格合計額\ \mathbf{18,800}万円}$ = 相続税額 **600** 万円

・第2子　相続税総額 **2,400** 万円 × $\dfrac{\mathbf{4,700}万円}{\mathbf{18,800}万円}$ = 相続税額 **600** 万円

・第3子　相続税総額 万円 × $\dfrac{万円}{万円}$ = 相続税額 **—** 万円

・　相続税総額 万円 × $\dfrac{万円}{万円}$ = 相続税額 **—** 万円

・　相続税総額 万円 × $\dfrac{万円}{万円}$ = 相続税額 **—** 万円

※未成年者控除（18歳 − [**—**]現在年齢）×10万円がある。
※障害者控除、相次相続控除などがある。

相続税の支払いのためこれだけはぜひ準備しておきたい。 → 相続税の支払準備金 **1,200** 万円

8 こんな方にはアプローチを……

　生命保険を利用した相続対策の目的には大きく分けて、①遺産分割を円滑に行う、②多額の相続税の準備をする、③相続税額を軽減する、この３つがあることをお話ししてきましたが、具体的な対象者別にそれをまとめてみますと、次のようになります。

こ ん な 方 に は	相 続 時 の 悩 み	生命保険の上手な利用法
資 産 家 経 営 者 商 店 主 管 理 者 医師・弁護士・会計士　etc.	●居宅、田畑、家業（老舗）などの財産を特定のものに継がせたいが、他の兄弟への相続分をどのようにして解決すればよいだろうか。	●財産を継がす者を受取人として、他の相続人の相続分相当額を生命保険金額として、自分を被保険者として生命保険を契約する。
経 営 者 商 店 主 医師・弁護士・会計士　etc.	●銀行借り入れ、債務保証（得意先・従業員などの）、買掛金などが多く万一の場合はその精算で相続財産を食いつぶすか、あるいは借金（債務）すら残しかねないなやみをもつが、この解決はどうすればよいだろうか。	●家族を受取人として生命保険を契約すればよろしい。なぜなら、相続人は限定相続か相続放棄を行えば、相続時に受け取る生命保険金は受取人固有の財産として安全確実に相続人のものとなるからです。
資 産 家 経 営 者 商 店 主 管 理 者 医師・弁護士・会計士　etc.	●妻子がある場合は、夫の両親は相続人になれない。従って、相続財産を引き継ぐことはない。しかし、老後生活費（仕送りに代わるもの）ぐらいは残してやりたい。	●父や母を受取人として、老後資金相当額を生命保険金額として契約しておく。
資 産 家 経 営 者 商 店 主 医師・弁護士・会計士　etc.	●総じてこれらの人は多額の資産を蓄財している。従って、多額の相続税が予測され、その準備に頭をいためている。	●相続税の課税対象とならない加入形態を検討し、生命保険を契約しておく。
法人経営者	●取引相場のない株式保有の場合（中小企業主／一般に評価額高騰）	●いわゆる自社株相続に対する防衛は生命保険活用が最良。

⑨　贈与税の計算はこうして行う

1．贈与税はだれが納めるか

　贈与税は原則として個人から個人への贈与に対してかかる税金であり、贈与によって財産を受け取った者に納税の義務があります。

　　　　　（注）法人からの贈与により取得する資産（継続的に受けるものを除く）は一時所得となります。

2．贈与税の課税対象期間は、いつからいつまでか

　贈与税の課税対象期間は、1月1日から12月31日（相続時精算課税制度は複数年にわたる積算方式）までとなっています。

3．贈与によって取得したとみなされる生命保険金等とは…

　自己が保険料を負担しないで生命保険金等（満期・死亡保険金や解約返れい金など）を受け取ったときは、保険料負担者から保険金等の受取人に対して贈与があったものとみなされて、贈与税がかかります。

4．贈与税の具体的な計算はこうして行う

（1）暦年贈与課税制度

　イ　贈与税の税率

　　　贈与税の計算は贈与税の速算表を使うと便利です（後掲）。

　ロ　贈与価格

　　　贈与税の課税価格はその年中に贈与でもらった財産の価額の合計額です。

　ハ　贈与税の基礎控除

　　　贈与税については1年間に110万円の基礎控除があり、上記ロで算出した課税価格から110万円の基礎控除をした後の金額に税率をかけて贈与税額を算出します。

（2）相続時精算課税制度

　イ　贈与税の税率

　　　一律20％となっています。

　ロ　贈与価格

　　　贈与税の課税価格は複数年にわたりもらった財産の価額の合計額です。

(ハ)　贈与税の特別控除額

　　複数年にわたり利用できる2,500万円（特別控除額）があり、上記(2)(ロ)で算出した課税価格から2,500万円（同）を超える額に税率（20%）をかけて贈与税額を算出します。

(二)　設例による計算例

　〈設例〉

　　子Bさん（20歳以上）は㉗＝父、㉙＝父、㉜＝子Bという生命保険契約がこのたび満期を迎え配当積立金や満期時特別配当金を含め4,000万円受け取りました。この年には、他から1円の贈与も受けていません。子Bさんの贈与税額はいくらになるでしょうか。

　〈計算〉

・課税価格　満期時受取金合計…4,000万円

・贈与税額

　①暦年贈与課税制度の場合

$$
\underset{\text{(満期時受取金)}}{(4{,}000万円} - \underset{\substack{\text{基礎}\\\text{控除額}}}{110万円}) \times \underset{\text{(税率)}}{50\%} - \underset{\substack{\text{速算表によ}\\\text{る控除額}}}{415万円} = \underset{\text{(贈与税額)}}{1{,}530万円}
$$

　②相続時精算課税制度を選択した場合

$$
\underset{\text{(満期時受取金)}}{(4{,}000万円} - \underset{\text{(特別控除額)}}{2{,}500万円}) \times \underset{\text{(税率)}}{20\%} = \underset{\text{(贈与税額)}}{300万円}
$$

直系尊属からの特例贈与にかかる「贈与税」税額速算表

課税価格(A)	税　率(B)	控除額(C)
万円	％	万円
200以下	10	―
400〃	15	10
600〃	20	30
1,000〃	30	90
1,500〃	40	190
3,000〃	45	265
4,500〃	50	415
4,500超	55	640

計算方法　税額＝(A)×(B)－(C)
＊18歳以上の直系卑属への贈与の場合
　令和4年4月1日以後の贈与から18歳以上となった。

第5章

相続話法（遺産分割対策）と相続税話法（相続税の納税対策）

なっとく…

「更に別の角度から検討してみます」

「ご主人のご意見ももっともですしご主人の加入金額の最高限度が三億円なので」

ということで分割をもう一度考えなおしてみました。

加入者に最善のプランは？（資料）

新プラン

仮に遺産分割を法定相続分にしたがったとしますと…

おくさん　9,500万
次男　1,625万
三男　1,625万
四男　1,625万

長男以外がもらう事業用財産は…

14,375万

相続人	相続財産の額		
	非事業用	事業用	計
妻	1,000	9,500	10,500
長男	―	2,625	2,625
次男	1,000	1,625	2,625
三男	1,000	1,625	2,625
四男	1,000	1,625	2,625
計	4,000	17,000	21,000

（単位は万円）

表2

この一億四三七五万をお店をつづけるために長男が受け取ることにします。

そのかわり、長男はそれに見合うお金を自分以外のそれぞれに支払うとすれば…

苦情は出ないでしょう

つまりご主人をご長男にこの支払い金額を保険金額として契約していただくわけです

これですと円満に財産分割もできて保険金額にもムリがありません

相続人	相続財産の額（万円）				課税価格
	非事業用	事業用	債権	債務	
妻	1,000		9,500		10,500
長男		17,000		14,375	2,625
次男	1,000		1,625		2,625
三男	1,000		1,625		2,625
四男	1,000		1,625		2,625
計	4,000	17,000	14,375	14,375	21,000

表3

長男から支払いを受けた他の家族に贈与税がかからないかなァ

それは代償分割ということで大丈夫です

あとは相続税対策の問題だけです

表4のように相続税対策の面から契約者をご長男にするか？でご主人に少しかわってきます

ということではじめのNOがYesにかわりました！

この悲劇は救えなかったか!?
もうわしも そう長くはない…… 2人の息子を三に呼んでくれ
お父さん!!
息子らよ わしが死んだあとも仲よく財産を分けるのだぞ いいなァ
ハイ
といってお父さんは他界しました
さぁ あとに残った息子たちは困りました
家も一軒 納屋も一棟 牛も一頭 農具も一本ずつしかありません 2人で分けるにはどうすればいいのか
何日も何日も考え抜いた末に
こうなりゃなんでも半分おっにするより他に方法はない
賛成!
その結果どれもこれも役に立たなくなりました
そんなことをする人なんかあるものかと読者諸兄姉はお思いでしょうが
相続法を忠実に実行しようとしたり欲や意地がからむと人間というものは正常な分別がつかなくなることがあるのです
おれの権利は
おれの取分は
相続人が2人以上ある場合は
とりあえず相続人全員で共同相続し
山林
建物
土地
お父さまが家を継ぐ者を指定受取人とし他の相続人の取り分程度を保険金額として保険を掛けておられたら
家を継ぐ者はその保険金で他の相続人の取り分を支払うことができますから財産分けは円滑に運んだでしょうに…… 生命保険の本当の役割はこんなところにあるのです

●均分相続を円滑にする生命保険の役割を例話で解説してみると…──

　１頭の馬を数人で分けるには皮と肉と骨とに分ける以外に方法はありませんが、それではもう馬ではなくなってしまいます。

　ところが、現行の相続法は戦前のように長子相続ではなく、遠くに嫁にいった姉にもまたおなかの胎児にも相続権があります。しかも、胎児は一人分の分け前をもらう権利をもっています。ここに実は"相続"が"争族"になる可能性を秘めているわけで、つまり、兄弟姉妹だけなら、あれはお前とれ、これは私がもらうなどと話し合いもできますが、成人しお互いに嫁がくっつき、婿がそばにいると、横から知恵をつけたり配偶者をあおることにもなりますので、一軒の家、何十坪かの土地を分けるときでも紛争が起こりがちとなります。お互いが結婚して兄弟が離れて住み、お互いに子供ができると子供のために自分の権利を主張し、お互いが譲りあわなくなります。

　あるとき、馬を沢山もつひとりの老人がいまわの際（死にぎわ）に３人の息子を呼び「なにもお前たちに残すものはないが、幸い、いま17頭の馬をもっている。これを長子に９分の１、末子に２分の１、中の子に３分の１ずつあげる。殺さずに分けなさい」と遺言し、それから間もなく天国へ召されていきました。

　しかし、17頭の馬です。３人はじっくりと考えましたが、殺さずに分ける手立てがつきません。仕方なく多くの人に相談しましたが誰も適切な解答を与えてくれる方がありませんでしたので、ついに大岡越前守のところにお知恵拝借と願いでました。

　これを聞いた越前守は、親の遺言をあくまで守ろうとする孝行心に感激し、１頭の馬を彼らに与えることにしました。すると、どうでしょう。これまで生きたままで分けられなかった17頭の馬は、長子に２頭、中の子に６頭、末子に９頭と父の遺言どおり分けることができたとともに、どうしたことか１頭の馬があまってしまいました。

　そこで、越前守はこの１頭はわしにくれないかと３人からもらいうけたといいますが、実はこの１頭の馬こそ均分相続下における生命保険の役割です。つまり、分割できない財産をそっくりそのまま残すために、他の兄弟に分ける相続分ぐらいの保険を契約し、分割できない家や車を受け取る人を保険金の受取人にしておけば、相続時には保険会社から支払われる保険金で相続分相当額をその他の兄弟にそれぞれ分け与えることができます。こうすれば兄弟は喧嘩もせず、親の遺志を全うすることができるのです。

　遺産分割を円滑にする生命保険の役割はこんなに素晴らしい内容をもっています。

―右ページをご覧ください―

● 父や母に老後生活資金ぐらいは残しておいてやりたい ────────

　Ａさんは、上場会社○○産業の販売企画課長をしています。

　さる日、団体扱契約を結んでいる△△生命保険の担当職員である木村さんが訪問、ひさしぶりに席におられたＡさんに挨拶をしますと、こんな会話が飛び出してきました。

Ａさん　木村さん。ひさしく顔をみせなかったね。

木　村　はい。火、木曜日にはお伺いさせていただいているのですよ。ただ課長さんはいつも忙しくしておられて、席においでの機会がないでしょう。それでお会いさせていただけなかったんです。申し訳ございません。いずれにしろ、お世話になっている課長さまにご挨拶していないのですから……。

Ａさん　いや。そんな意味でいったわけじゃないから気にしないで……。

　　　　ところで木村さん。今日はひとつ相談に乗ってもらいたいことがあるんだが……。

木　村　いったい、あらたまってなんでございます。なにかこわいことをいわれるような気がして……。

Ａさん　実はね。木村さんも知ってのとおり、僕は女房・子どもを受取人とした生命保険には世間の水準以上は契約していると思っているんだよ。

　　　　ところが、先日、ちょっとしたきっかけでこんな心配が出てきたわけなんだ。いま、僕は田舎の母に仕送りを若干ながらしている。もちろん、母も少しは老後の生活費はもっているが、僕の仕送りを当てにしていることも否定できない。

　　　　そこでだ。いま万一にも僕が死んだとなると、仕送りは途絶えることになる。女房も母を大切にはしてくれているが、僕が死んだら自分たちの生活で手いっぱいだろう。仕送りを続けてくれという方が無理だ。こんなことから、一本新しくこの母を受取人として生命保険を契約したいと思うんだ。保険料が安くて死亡保険金の高い保険を選んでくれないか。

木　村　課長さん。立派ですね。わたくし、感激しましたわ。課長さんにいわれなくとも、もっともそれにふさわしい保険を選んでお勧めさせていただきますわ。

　Ａさんが死亡しても、１円の取り分もない母に対してこんな生命保険を活用した相続対策のあることも知っておきましょう。

● 可哀そうな老母の座

父が亡くなったあとの家族会議の席上である。

「私の言い分はとおらなかった。なるほど、それは新民法下では認められていないことだったから仕方ない。そこで、この公平なる精神をもつみなさんに提案したい。ぜひ受け入れてもらいたい。

それというのは、母親をお互いに呼びよせ公平に面倒をみようということだ。別に異存はないと思うが……。だれの家に何日滞在するかは母の意思にまかせるとして……」

急に静かになった。お互いが顔を見合わせた。

それに身体のあまり丈夫でない母、寝込まれでもしたら……、困った。他の弟妹よりも余計に財産をもらえなかったための兄のいやがらせだ。親不孝者め！

そんな声が弟や妹たちの間からささやかれそうになると、長男は一段と声をはりあげて、「先祖の霊はおれがまつる。そのうえ母の面倒までおれ一人がみる。それこそ不公平というものだ。こうあってはじめて公平というものだ。いいな！　わかったな」

「それは兄さん……」

結婚したばかりの一人の弟が反対の言葉をさしはさもうとしたところ、

「お前は大学まで出してもらっていて、親の面倒をみるのがいやなのか！」

声がさらに一段と高くなるころには、母親はたまりかねてか、もうその席にはいなかった。こうして、この提案は長男に押しきられ、きまってしまった。

可哀そうなのは、その母親である。弱い身体をひっさげて、あちらに半月、こちらに１か月と子供たちの家庭を回り歩いた。

少し長くいると、嫁や婿からいやな顔をされるので、カンカンと照りつける真夏の太陽の下や、骨の芯まで冷え込む真冬の木枯らしに吹きさらされながら、おとろえた身体に小さな風呂敷包みをもって転々と歩き回った。

「おばあちゃん、これ！」

ぎりぎりの電車賃を出され、立退きを強要されるたびに物陰にかくれてひとり泣いていた。こうした寄る辺のない苦労と悲しみがつづいたある日、母は………。

夫を亡くした老妻ほど気の毒なものはない。せめて夫が生前に、妻を死亡保険金の受取人とする生命保険に加入していたら、こんな悲劇的な結果にはならなかったであろうに……。

中小企業の借入金対策

③ 個人経営の戸社長 個人経営の戸社長

失礼ですが社長さん……

② お先に

① おじゃましまーす 中小企業

⑥ あれは実質、ワシの金じゃから借金対策はいらんワケじゃ と申しますと……？

⑤ やあーっ、さーすがするどい！たしかに資金ぐりでちょっと、銀行から借金はしておるが……

④ と戸社長が万一のとき借金返済策はどうなっているか—を伺いました —おみうけいたしましたところ……

⑧ —ということで自分の金を借りているというお考えですが 会社に分を入れれば入れる程、個人の資産を会社につぎ込むことになります。 会社

⑦ つまり 魚のえさFOOD 個人の資金 個人名義 魚のえさFOOD 会社のために借入 BANK 銀行 もっともっと— 定期預金をタンポにして

⑪ 保険金で銀行に借入金を返済し、ご遺族には定期預金を自由にご活用していただけるワケです

⑩ 保険対策をたてていただいてましたら 実印

⑨ 社長に万一の場合、ご遺族に残るのは自宅や株式、会社への債権などで 株式 自宅 カラ…

預金は担保で自由にできない。ご遺族は相続税の支払いにもたちまち困ります

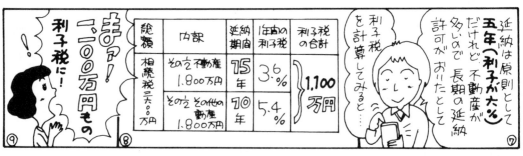

第6章

生命保険料贈与の
取り扱いと活用法

1 　生命保険料に関する贈与の以前の取り扱いとその根拠

1．設例により以前の取り扱い内容を説明すると……

　収入を伴わない子供を契約者・保険金受取人とし、被保険者をその父親（世帯主）とする契約で、世帯主である父親が子供に保険料相当額の現金を保険料払い込みのつど贈与し、その子供がこれを保険料として払い込んだ場合、以前の税法上の取り扱いは次のような内容となっていた。

●以前の取り扱い内容一覧 （㊝=子、保険料負担者＝父、㊙=父、㊥=子）

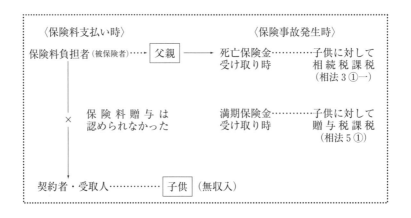

　上図を解説すると、以前の税法上の取り扱いは、契約者である子供（これが妻であってもよい。）には収入がないのだから、こうした契約の場合、実質的には父親が保険料を負担しているものと認定、保険料払い込みの時点での贈与が認められなかった（その根拠は次頁参照）。

　そして、父親が被保険者であり保険料負担者であるこの契約に保険事故（死亡や満期、解約等を指す。）が発生したとき、受取人である子供（妻）に対して、死亡保険金を受け取ったときは相続税を、満期保険金を受け取ったときは贈与税を課税することとしてきたわけである。

2．以前の取り扱いの根拠はここにある

　収入を伴わない、いいかえれば保険料の負担能力のない子供（妻）が保険契約者・受取人となり、世帯主である父親を被保険者とする生命保険契約を結び、父親が子供（妻）に対して保険料相当額の現金贈与を毎年行った場合、以前の取り扱いではその時点での贈与の事実を認めてもらえなかったということは上述したとおりである。

　では、この保険料払い込み時点の贈与を認めなかった根拠はどこにあったのだろうか。これについては、国税当局関係筋から、週刊税務通信・昭和54年10月15日付の誌上に次のような一問一答形式の論述が掲載され、その中によく示されているので紹介しておこう。

　なお、当時の贈与税の基礎控除は60万円であった。

●週刊税務通信・昭和54年10月15日付に掲載された論述内容

　　　　問…年額60万円の生命保険料を支払う生命保険契約を長男が生命保険会社と締結します。この契約では、父である私が被保険者で、長男が受取人となっています。そして、私は、毎年その支払保険料相当額（60万円）の現金を長男に贈与し、長男はその現金で保険料の支払いにあてています。

　　　　　　このような場合には、長男は毎年60万円の現金の贈与を受けて保険料の支払いをすることになるわけですから、その現金の贈与については、贈与税の基礎控除額と同額であり、毎年の贈与税は非課税とされる一方、仮に被保険者である私が死亡して長男が生命保険金を取得しても、その保険金は相続財産とされず、またその契約が満期となって満期保険金を長男が取得することになった場合には、その満期保険金は長男が贈与によって取得したものとはされず、いずれも長男の一時所得の収入金額として所得税の課税の対象となるのではないかと考えておりますがいかがでしょうか。

　　　　　　なお、現在、長男は未成年で、収入は何もありません。

　　　　答…相続税法では、被相続人の死亡により生命保険契約の保険金を相続人が取得した場合において、被相続人がその生命保険契約に係る保険料の全部又は一部を負担していたときには、その保険金のうち、被相続人が負担した保険料に対応する部分の金額については、その相続人が、被相続人から相続によって取得したものとみなして相続税の課税の対象とするものと規定されています（相法3①一）。また、

満期等によって生命保険契約に係る保険金を取得した場合において、その契約に係る保険料の全部又は一部を保険金受取人以外の者が負担していたものであるときには、その保険金のうち、その保険金受取人以外の者が負担した保険料に対応する部分の金額は、その保険金を取得した者（受取人）がその保険料の負担をした者から贈与によって取得したものとみなして贈与税の課税の対象とするものと規定されています（相法5①）。

　ところで、ご質問では、収入のない長男が生命保険契約を締結し、毎年60万円の現金をお父さんから贈与により取得して保険料の支払いにあてた場合には、その贈与は、贈与税の基礎控除額と同額であるために贈与税は非課税となる一方、支払った保険料は、贈与を受けた現金で払い込んだものであるので、自己が負担したことにより、保険事故が発生して保険金を長男が取得することになっても、相続税または贈与税の課税関係は生ぜず、一時所得の課税が行われることとなると考えてよいかどうかということと思います。

　しかし、相続税法では、生命保険契約に係る保険料を誰が負担したとみるかについては、単にその保険契約の契約者であることのみをもって当該保険契約に係る保険料の負担者とみているのではなく、経済的な実質面からみても、誰がその保険料相当額を支出したのか、つまり実際にその保険料相当額を負担している者が誰であるかによって保険料の負担者を判定することとされています。

　従って、相続税法では、保険契約者と保険料相当額を支出する人（負担者）とが異なっても、その保険料の負担の段階では贈与税の課税の対象とはされず、①その負担者が死亡した場合、②その生命保険契約に係る保険事故が発生して保険金を取得した場合又は返還金等を取得した場合に、これらの事実が発生した時点で過去における保険料の負担関係に着目して、相続税又は贈与税の課税の対象とすることとされています。

　このことは、相続税法第3条第1項第3号で、「相続開始の時において、まだ保険事故が発生していない生命保険契約（………）で**被相続人が保険料の全部又は一部を負担し、かつ、被相続人以外の者が当該生命保険契約の契約者である**ものがある場合においては、

　　当該生命保険契約の契約者について、当該契約に関する権利のうち被相続人が負担した保険料の金額」に対応する部分の金額は相続によって取得したものとみなす旨規定していることからも明らかなとおり、同法では保険契約者以外に保険料の負担者が存在することが前提となっています。つまり、相続税法では、保険契約者即保険料負担者ということが前提となっていないということです。

　　上記のことから、お尋ねの場合のように毎年贈与税の基礎控除相当額の現金を長男に贈与し、その贈与による現金で長男が契約者となっている生命保険契約の保険料を払い込んだとしても、その保険契約に係る保険料の負担者はあくまでも父親であり、その父親の死亡によって長男が保険金を取得したときは、その保険金は相続によって取得したものとみなして相続税の課税の対象とされ、また、その保険契約が満期となって長男が満期保険金を取得したときは、その保険金は、保険料の負担者である父親から贈与によって取得したものとみなして贈与税の課税の対象とされることになるものと考えます。

　　ただし、長男がその後収入を得るようになって、その収入の中から保険料を支払うことになれば、その保険料は長男自身が実質的に負担したことになり、長男がその保険契約に基づいて将来取得することとなる保険金等のうち、長男自身が実質的に負担したとみられる保険料に対応する部分の金額は、相続又は贈与によって取得したものとはみなされず、一時所得の収入金額に算入されることになることはいうまでもありません。

　要するにこの論述では、相続税法第3条第1項第3号の規定をみると、保険契約者と保険料負担者が異なっているような場合には、同条は最終的に保険事故が発生したときに課税関係を終了させることを規定しているのであるから、その過程の間に生じた保険料の負担についての贈与関係は贈与の対象にならない、という趣旨にたっているわけである。

　このため、この論述が発表されて以来、それまで大型契約勧奨のセールスポイントとして使われてきた保険料充当金を贈与によりまかなうといった形の契約は、万一将来保険事故発生時に税務当局が上述のような考え方をとることにより、顧客へ税金面で迷惑をかけることがあってはいけないからと、事実上、生命保険業界では使用されなくなっていた。

しかし、昭和58年秋に、これに関連して国税庁の関係課から各国税局へ出された事務連絡で、『当該契約者が過去の保険料の支払資金は父親等から贈与を受けた現金を充てていた旨、一定の証拠事実を整えて主張があった場合はこれを認めることとする』——と新しい取り扱い基準が明示されたので、その後は一定の要件を整えて保険料充当金が贈与されておれば、いわゆる贈与による現金を原資とした契約を締結できることとなった。

　次にこの取り扱い基準（事務連絡の内容）について述べてみよう。

② 取り扱い基準を明示した事務連絡の内容と解説

1．"生命保険料の負担者について"取り扱い基準を示した事務連絡の内容

　国税庁では、生命保険料の負担者の取り扱いについては、前述第1節のような立場で取り組んでいたが、昭和58年9月に次頁のような内容の事務連絡を、国税庁長官の決裁を得て各国税局あて発信した。

　これにより、以後、この保険料の取り扱いについては、過去の保険料の支払資金は父親等から贈与を受けた現金をあてている旨、子供等（納税者）から主張があった場合は、事実関係を検討の上、たとえば①毎年の贈与契約書、②過去の贈与税申告書、③所得税の確定申告等における生命保険料控除の状況、④その他贈与の事実が認定できるものなどから贈与事実の心証が得られたものは、これが認められることとなった。

　生命保険セールスにとって、この取り扱い基準の明示は、大型契約獲得のセールスポイントとして魅力溢れるものであり、生命保険関連業界からは双手をあげて喜ばれたことは当然である。

　なお、この取り扱いは、あくまで納税者が既述してきたような贈与を受けており、税務署担当官により贈与事実の心証が得られるものだけに適用される処置であり、こうしたことを当該納税者から主張しなかった場合は、第1節で述べてきた国税当局関係筋の論述のとおり処理されることはもちろんである。この点に十分の注意が必要であろう。

●取り扱い内容一覧

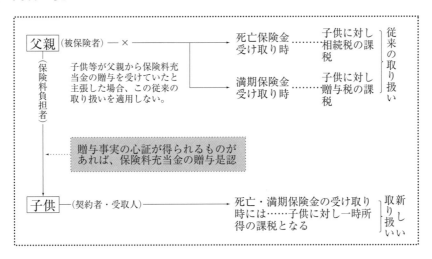

● 事務連絡の全文

┌───┐

　　　　　　　　　　生命保険料の負担者の判定について

　１．被相続人の死亡又は生命保険契約の満期により保険金等を取得した場合若しくは
　　　保険事故は発生していないが保険料の負担者が死亡した場合において、当該生命保
　　　険金又は当該生命保険契約に関する権利の課税に当たっては、それぞれ保険料の負
　　　担者からそれらを相続、遺贈又は贈与により取得したものとみなして、相続税又は
　　　贈与税を課税することとしている（相法３①一、三、５）。

　　　（注）生命保険金を受け取った者が保険料を負担している場合には、所得税（一時
　　　　　　所得又は雑所得）が課税される。

　２．生命保険契約の締結に当たっては、生計を維持している父親等が契約者となり、
　　　被保険者は父親等、受取人は子供等として、その保険料の支払いは父親等が負担し
　　　ているというのが通例である。

　　　　このような場合には、保険料の支払いについて、父親等と子供等との間に贈与関
　　　係は生じないとして、相続税法の規定に基づき、保険事故発生時を課税時期として
　　　とらえ、保険金を受け取った子供等に対して相続税又は贈与税を課税することとし
　　　ている。

　３．ところが、最近、保険料支払能力のない子供等を契約者及び受取人とした生命保
　　　険契約を父親等が締結し、その支払保険料については、父親等が子供等に現金を贈
　　　与し、その現金を保険料の支払いに充てるという事例が見受けられるようになった。

　４．この場合の支払保険料の負担者の判定については、過去の保険料の支払資金は父
　　　親等から贈与を受けた現金を充てていた旨、子供等（納税者）から主張があった場
　　　合は、事実関係を検討の上、例えば、①毎年の贈与契約書、②過去の贈与税申告書、
　　　③所得税の確定申告等における生命保険料控除の状況、④その他贈与の事実が認定
　　　できるものなどから贈与事実の心証が得られたものは、これを認めることとする。

　　　（編者注）アンダーラインは編者において入れたもの。

└───┘

２．事務連絡内容の解説

　事務連絡内容中、２、３の文言について解説を加えておこう。

● 事務連絡内容の３に盛り込まれた文言についての解説

　　①　「保険料支払能力のない子供等」の年齢について

　　　特に何歳以上という制限は設けられていないが、零歳の子供を契約者とする事例
　も表れ、これに対して当局担当官の中からいきすぎを指摘する声もある。

　　しかし、未成年者の法律行為は、親権者または後見人が同意を与えることで有効であり、また、単に負担のない贈与、債務免除を受けることは同意も必要としない。したがって、父子間の贈与は、受贈者が零歳児であっても有効に成立し、また零歳児を契約者とする生命保険契約も同様に有効に成立するが、要は零歳児が実際に現金の贈与を受け、その現金で保険料を支払ったことを確認できるものが必要であるということである。

　　幼児の場合、もっとも無難な方法は贈与者である父親等が子供名義の預金通帳を作り、預金管理は完全に他と区分して行い、毎年支払保険料相当額をこれに振り込み(贈与し)、銀行口座振り替えの形で保険料が振り込まれておればよい。

　　なお、ある生保会社の場合、上述のような手段をとっていても不安があとに残るとして、契約者が子供である契約の引き受け最低年齢を10歳においているというが、賢明な方法といえるだろう。

② 「現金」とは……

　　預貯金を含む現金をさしている。

③ 「父親等が子供等に現金を贈与し、その現金を保険料の支払いに充てるという事例……」は定期贈与とみられないかという心配について

　　非公式にその辺のことについて当局担当官の１人にその考え方をただしたところ、『いつ保険事故が発生するか、わからないのが保険契約であり、保険事故が発生すれば当然それまで続けられてきた保険料充当金の贈与は中止されるだろうから、「単年贈与」の積み重ねとみるのが妥当だろう』ということである。

　　つまり、贈与期間が不確定なところがこの保険契約に伴う保険料充当金の贈与であるから、定期贈与と認定を受ける心配はないだろうというわけである。

●事務連絡内容の４に盛り込まれた各項目の具体的取り扱いについて

事務連絡内容の４に盛り込まれた①〜④の各項目について若干の解説を加えてみる。

① 毎年の贈与契約書とは……

　　毎年毎年繰り返し行われる保険料払込充当金相当額の贈与事実を書きとどめておく類のものをさしている。つまり、毎年の贈与事実を、贈与契約書を作成することで記録にとどめ、贈与された現金が払込保険料に充当されてきたという心証を税務署に与えるものであればよいわけである。とくに形式を要しない。

　　贈与税の基礎控除110万円以下であれば申告を要しないから、こうした場合の証拠書類を例示したものといえるであろう。P.177のような契約書を作ればよい。

② 過去の贈与税申告書とは……

　暦年贈与課税の贈与税については一年間に110万円の基礎控除がある。したがって、その年中にもらった財産の価額の合計額（課税価格）が110万円以下であれば、基礎控除後の課税価格がなくなるから、贈与税はかからず、申告する必要はない。

　そこで、一年間の贈与財産の価額を仮に111万円とすると、基礎控除後の課税価格は1万円となる。贈与税率表をみると、基礎控除後の課税価格が150万円以下の場合、その税率は10%である。1万円の10%は1,000円だから、111万円の贈与を受けたときは、1,000円の贈与税を納めることで贈与税の申告書に税務署の受付印をもらうことができる。

　これが、過去の贈与税申告書であり、確実に贈与事実の心証を税務署へ与える証拠となる。

③ 所得税の確定申告等における生命保険料控除の状況とは……

　たとえば、契約者＝子供／被保険者＝父親等／受取人＝子供という契約形態でその契約の保険料相当額を父親等からその子供に現金贈与しこれを払込保険料に充当した場合、贈与した保険料相当額を父親等自身が自分の確定申告時に生命保険料控除に利用しているかいないか、といった状況観察も上記の文言中には含まれている。

　子供の側からみると、払込保険料相当額の贈与を父親等から受けるくらいだから、一般に収入はなく、したがって子供自身の所得申告は行っていない場合が多いと思われる。当然、生命保険料控除も利用されない状況にあるだろう。

④ その他贈与の事実が認定できるものなどとは……

　具体例として、こんなことを指している。

　以前からよくいわれたことだが、印鑑を異にした子供名義の銀行等の預金通帳をつくり、毎年贈与される保険料はこの預金口座に振り込んでもらい、その預金管理は完全に他と区分されているようにする。そして、保険料の払い込みは、保険料相当額をその都度、銀行口座振り替えの形で引き去ってもらう。

　これなど、贈与事実の心証を得るのにはもっともよい方法であろう。

　　　　　……〈参考〉

贈　与　契　約　書（例）

　贈与者甲野一郎（父）と受贈者甲野二郎（息子）の間で、今般下記のとおり贈与契約を締結した。

第1条　甲野一郎は、その所有する下記の物件を甲野二郎に贈与することを申し出で、甲野二郎はこれを受諾した。

（贈与物件の表示）

１．現金　100万円

第2条　甲野一郎は前条記載の贈与物件を、令和○年○月○日までに甲野二郎に引き渡すこととする。

　上記契約成立の証として本書を作成し、当事者署名押印のうえ、各壱通を所持する。

　　　令和□年□月□日

　　　　　　　　都道府県市区町村番地

　　　　　　　　　　贈与者　　　甲野一郎　　㊞

　　　　　　　　都道府県市区町村番地

　　　　　　　　　　受贈者　　　甲野二郎　　㊞

（注）１．民法第4条（未成年者の行為能力）の文言からすると、未成年者にとって損にならない行為については法定代理人の同意を要しない、とあるから、上記贈与契約書の受贈者が若年齢の場合も法定代理人の併記は必要ない。幼児の場合は前述しているように、贈与契約書によることを避けて、幼児名義の預金通帳をつくり贈与すれば無難に贈与事実の心証を得るための証拠を整えておくことができるだろう。

　　　２．上記現金（金銭）贈与の場合は、印紙不要。

■相続時精算課税制度を利用して保険料贈与したら……

　なお、平成15年度税制改正で導入された相続時精算課税制度では、特別控除2,500万円以内の贈与であれば贈与税はかからないが、年間の基礎控除110万円を超える贈与があった場合は金額の多寡に関係なく申告することになっている。この制度において保険料贈与を行なう場合も、その資金の流れが明らかになるよう、贈与事実が認定できるものを残しておくべきであろう。

　国税庁では、既述のとおり、保険料贈与に係る負担者の取り扱いについての考え方を事務連絡の形で各国税局へ伝え実施していたが、国税不服審判所ではこの考え方をふまえての審判で、具体的事例による裁決を行っている（昭和59年2月27日裁決）。

　保険料贈与に伴う取り扱いに係る考え方が出たとはいえ無税贈与など保険料贈与を伴うこの種の契約の取り扱いではいまだ手探り的部分が多かったときだけに、生保セールスにとりこの裁決は有り難い贈り物として関心が寄せられた。

　そこで、参考資料として次に裁決文を掲載することとする。

保険料贈与に係る負担者の取り扱い方についての審判事例 ─────────

《裁決事例》
1　毎年保険料相当額の贈与を受けその保険料の支払に充てていた場合における受
　取保険金は、相続により取得したものとはみなされないとした事例（全部取消し）
　（昭和56年分相続税・昭59.2.27裁決）

《裁決の要旨》
　　未成年者である請求人が受け取った保険金については、①その保険契約を被相
　続人が親権者として代行し、保険料の支払に当たっては、その都度被相続人が自
　己の預金を引き出して、これを請求人名義の預金口座に入金させ、その預金から
　保険料を払い込んだものであること、②保険料は、被相続人の所得税の確定申告
　において生命保険料控除をしていないこと、③請求人は、贈与のあった年分にお
　いて贈与税の申告書を提出し納税していることから請求人は贈与により取得した
　預金をもって保険料の払込みをしたものと認められるので当該保険金を相続財産
　とした更正処分は取消しを免れない。

《参照条文》
　　相続税法第5条、所得税法第34条
《裁決書(抄)》

1　事　　　実

　審査請求人（以下「請求人」という。）は、昭和56年5月20日に死亡したA（以下「被相続人」という。）の相続人であるが、この相続開始に係る相続税の申告書に、課税価格を30,310,000円、納付すべき税額を7,383,700円と記載して法定申告期限までに申告し、その後、原処分庁の調査に基づく修正申告の勧奨に対し、昭和57年7月14日に相続税の修正申告書に課税価格を30,310,000円、納付すべき税額を9,246,100円と記載して修正申告をした。

　原処分庁は、これに対し、昭和57年11月26日付で課税価格を48,014,000円、納付すべき税額を16,884,300円とする更正処分及び過少申告加算税の額を381,900円とする賦課決定処分をした。

　請求人は、この処分を不服として、昭和58年1月25日に異議申立てをしたところ、異議審理庁は、同年4月28日付で、棄却の異議決定をした。

　請求人は、異議決定を経た後の原処分についてなお不服があるとして、昭和58年5月26日に審査請求をしたものである。

2　主　　　張

(1)　請求人の主張

　原処分は、次の理由により、違法であるから、その全部の取消しを求める。

イ　更正処分について

　請求人が、被相続人の死亡によりB生命保険相互会社（以下「B生命」という。）から受け取った保険金20,804,056円（以下「本件保険金」という。）は、被相続人が請求人の親権者となり、被相続人を被保険者とし、保険契約者及び保険金受取人を請求人とする保険契約（以下「保険契約」という。）をB生命と締結し、請求人に金銭の贈与を目的として、被相続人の生前である昭和51年ないし昭和55年の間（以下「保険料支払期間」という。）に、被相続人の普通預金からC銀行D支店の請求人名義の普通預金、口座番号××××（以下「本件普通預金」という。）に振り込み、次表のとおり保険料（以下「本件保険料」という。）を支払ったものである。したがって、本件保険金は相続財産ではなく、これを相続財産とした更正処分は誤りである。

　なお、請求人は、保険料支払期間において、被相続人から贈与された5,200,000円については、その贈与を受けた年分の贈与税の申告をしている。

ロ　過少申告加算税の賦課決定処分について

　上記イのとおり更正処分は違法であるから、過少申告加算税を課される理

由はない。

贈与年月日	金　　　額	保　険　料 支払年月日	金　　　額
年　　月　　日 S 51．9．8	1,100,000円	年　　月　　日 S 51．9．8	1,028,000円
52．9．6	1,000,000	52．9．26	1,028,000
53．9．26	1,000,000	53．9．26	1,028,000
54．9．26	1,100,000	54．9．26	1,028,000
55．10．17	1,000,000	55．10．27	1,028,000
計	5,200,000	計	5,140,000

(2)　原処分庁の主張

　　原処分は、次の理由により正当であるから、審査請求を棄却するとの裁決を求める。

　イ　更正処分について

　　(イ)　本件普通預金は、保険料支払のみを目的として設定されたものである。

　　(ロ)　本件契約の経緯及び本件保険料払込み手続から被相続人が行為者であると推認されること。

　　(ハ)　請求人は、本件契約当時未成年者であり、被相続人と生計を一つにして、その扶養を受けており、ほかに資産所得としてみるべきものがないこと。

　　(ニ)　以上の事実から判断すると、本件契約は、実質的には、被相続人が契約し、本件保険料の負担も被相続人が行ったと認められる。

　ロ　過少申告加算税の賦課決定処分について

　　　上記イのとおり更正処分は適法であるから、国税通則法第65条第1項(過少申告加算税)の規定に基づき過少申告加算税を賦課決定した処分は適法である。

3　判　　　断

　当審判所において調査・審理したところ次のとおりである。

(1)　更正処分について

　　請求人は、本件保険金は、請求人の固有財産であって、相続財産ではないと主張するので審理したところ、次のとおりである。

　イ　次の事実については、請求人及び原処分庁の双方に争いがなく、当審判所の調査によってもその事実が認められる。

　　(イ)　請求人が、契約者及び保険金受取人となり、父である被相続人を被保険

者とする保険金20,000,000円の30年満期の保険契約を昭和51年9月8日付でB生命と締結したこと。

(ロ)　本件契約に係る保険料支払期間の払込保険料（年1回払い）5,140,000円は、前記2の(1)のイの保険料支払年月日欄のとおり、それぞれ払い込まれているが、いずれも、被相続人が払込日以前にC銀行D支店の被相続人名義の普通預金（口座番号××××及び××××）から本件普通預金に入金させた上、これを引き出して、それぞれの保険料の払込みに充てていること。

(ハ)　本件普通預金は、請求人以外の者が本件保険料以外の入出金等を行っている事実がないこと。

ロ　当審判所の調査によれば、次の事実が認められる。

(イ)　昭和56年5月20日被相続人である被保険者の保険事故発生により、保険金20,000,000円及び配当金804,056円合計20,804,056円の本件保険金が昭和56年10月16日に保険金受取人である請求人に支払われたこと。

(ロ)　保険契約者となっている請求人は、本件契約時には13歳の未成年者であり、当時被相続人と生計を一にして、その扶養を受けていること。

(ハ)　本件契約締結の交渉及び本件保険料の払込みの行為者は、被相続人であること。

(ニ)　本件保険料は、被相続人の昭和51年分ないし昭和55年分の所得税の確定申告に係る生命保険料控除において控除されていないこと。

(ホ)　請求人は、前記2の(1)のイの贈与に基づき、それぞれの年分において贈与税の申告書を提出し納税していること。

ハ　以上の事実を総合すると、未成年者である請求人の保険契約を被相続人が親権者として代行し、本件保険料の支払に当っては、その都度、被相続人が自己の預金を引き出して贈与し、これを請求人の預金口座に入金させ、その預金から保険料を払い込んだものであり、前記ロの(ニ)及び(ホ)に照らしても、法律行為は有効に成立しているものと認めるのが相当である。

したがって、本件保険金を相続財産とした更正処分は、不相当であり取消しを免れない。

(2)　過少申告加算税の賦課決定処分について

上記(1)のとおりであるから過少申告加算税も、その全部を取り消すのが相当である。

保険料贈与が認められなかった裁決（平19・6・12広裁（諸）、平成16年分相続税）

　保険料贈与は、贈与契約書や贈与税の申告書などにより贈与事実の心証が得られるものについて認められるものである。このような要件を満たしていなかったために、保険料相当額の贈与が認められなかった裁決事例があるので紹介する。

　請求人は、①本件保険契約の契約者が請求人らであること、②請求人らは本件保険契約を本件相続の10年以上前から認識していたこと、③請求人らが本件保険契約に係る保険金を一時所得として所得税の申告をしていること、④被相続人が自己の所得税申告において本件保険契約に係る保険料について生命保険料控除の適用をしていないこと等から総合的に判断すると、被相続人は保険料相当額をその都度請求人らに贈与し、その金銭で請求人らが保険料を支払ったものであるから、本件保険金は相続税法第3条に規定する相続財産にならない旨主張する。

　しかしながら、請求人らが本件相続開始まで本件保険契約に係る保険料の額等を承知しておらず、その支払いの手続を行ったこともなく、保険料相当額の金員について贈与税の申告を一度も行っていないこと等から判断すると、被相続人から請求人らに対して本件保険料相当額の金員の贈与があったとは認められず、本件保険料は被相続人がそのすべてを負担したものと認められることから、本件保険金は相続税法第3条の規定により相続税の課税財産となる。

　この事案は、平成16年に父親が死亡し、相続人は妻と長男、次男である。税務署は、長男および次男の取得した生命保険金等が相続税法第3条（（相続又は遺贈により取得したものとみなす場合））の規定に該当するなどとして、相続税の更正処分等を行ったのに対して、この生命保険金等の保険料は父親から贈与された現金で支払っていたものであるとして、処分等の取り消しを求めた。

　問題となった生命保険金等については、長男および次男を契約者とする終身保険が6件あり、2件は昭和57年契約の終身保険で年払保険料がそれぞれ約61万円、残り4件は平成3年に契約され、年払保険料は4件合計で約423万円というもの。被保険者、死亡保険金受取人、保険金額等は不明だが、一部は被保険者が父親であり、死亡保険金が長男および次男に支払われ、両者はこの死亡保険金について一時所得として申告を行っていた。一部は被保険者が父親以外であり保険金支払いは行なわれていないが、税務署は保険料負担者

である父親の死亡により生命保険契約に関する権利が相続税の課税対象であるとした。

　審判所は、以下のような理由により、父親から長男および次男にこれら保険契約にかかる保険料相当額の現金の贈与があったとは認められないと判断した。

(1)　贈与は契約であり、本件においても請求人らに受贈の意思が必要であるが、請求人らは、本件相続の開始まで保険料の額などを知らなかったのであるから、受贈の意思があったと認定することは困難である。

(2)　保険料支払のつど贈与されたものであれば、受贈者が成人に達した後は少なくとも保険料の支払の手続きを請求人らが行うのが通常であるが、本件相続の開始までにその手続きを行ったことは一度もない。

(3)　後々問題とならないように贈与契約書を作成するなど贈与事実を証拠化するのが通常であるところ、平成15年に父親から株式2,700株および現金1,500万円の贈与をそれぞれが受けたときには贈与契約書を作成し、贈与税の申告を行なっている。それにもかかわらず、本件保険契約にかかる保険料相当額の現金の贈与に関する贈与契約書は一度も作成されていない。

(4)　保険保険契約にかかる保険料相当額の現金については、贈与税の申告を平成15年分を含め一度も行なっていない。

　これにより、これら終身保険の保険料負担者は契約者である長男および次男ではなく、亡くなった父親であるとして、死亡保険金および生命保険契約に関する権利が相続税の課税対象とした更正処分は適法であるとされた。

　贈与事実の心証を得るための各種手続きはしっかりとやっておきたい。

第2節で紹介したように、国税庁では昭和58年秋に「生命保険料の負担者の判定について」と題する見解をまとめ、国税庁長官の決裁を得て各国税局へその旨を事務連絡した。

この見解の発表、そして実施で急浮上してきたのが大口契約獲得の一手法として、過去、生保業界内に静かなブームを作り出していた、いわゆる「無税贈与話法」である。

● 無税贈与話法とは……

贈与税の基礎控除額は平成13年度から110万円に引き上げられた。つまり、ひとりの人が年間を通じて110万円の範囲内で贈与を受けている限り贈与税は1円もかからないということである。

この特典をフルに活用し、一家の主人が家族を相手に贈与を行ったとすると、次のような無税贈与を行うことができる。

● 無税贈与を使った具体的な贈与法

年	妻へ	長男へ	長女へ	計
第1年	110万円	110万円	110万円	330万円
第2年	110	110	110	330
第3年	110	110	110	330
第4年	110	110	110	330
第5年	110	110	110	330
第6年	110	110	110	330
第7年	110	110	110	330
第8年	110	110	110	330
第9年	110	110	110	330
第10年	110	110	110	330
計	1,100	1,100	1,100	3,300

このように無税の範囲内で贈与を繰り返すのもよいのだが、さらに安全確実を期するためには、毎年111万円ずつ贈与することである。111万円の贈与を行うと基礎控除額110万円を差し引き、残り1万円が課税の対象となる。1万円に対する税額は1,000円だから、手数はかかるが翌年2月1日から3月15日の間にこの事実を申告用紙に記載し申告しておけば、その納税受領証がなによりの証拠となり、合法的に父親から家族への財産分与ができる。

こういう話の展開を基調にして大型生命保険を勧めたのが、無税贈与話法といわれるものであった。

▷**事例を挙げて示すとこんな具合に…**

さて、この無税贈与話法による説得法をいま少し続けてみよう。

家族各人への年々の無税贈与額110万円の安全確実な贈与方法はこれでわかった。言い換えれば、これで家族それぞれは自分のおカネ110万円をもつことによって毎年、何でも自由に購入できるわけである。

そこで、いま仮にこの110万円を保険料として次のような契約形態の生命保険に加入したとしよう。

・被保険者　被相続人（ご主人）

・契約者　奥さんならびに子供全員

・受取人　満期・死亡保険金ともそれぞれ契約者

このような契約形態で、保険料110万円をもって加入できる保障金額（病気死亡で表示）をまとめてみると下表のようになり、相当高額の生命保険に加入できる。

●110万円（年払）で加入できる保険金額

（病気死亡保険金で表示）

被保険者年齢 種類	終身保険(男)（終身払）	定期保険(男)（80歳満了）
	万円	万円
20　歳	8,370	26,480
30　歳	6,820	20,750
40　歳	5,330	15,880
50　歳	3,960	10,150
60　歳	2,760	6,010

(注) 令和5年4月現在の特定の保険会社の保険料で試算している。

しかも、これだけの保障を契約期間中行うとともに、満期時には（満期保険金）＋（満期時配当金）がでる。そして、死亡・満期いずれの保険金を受け取った場合も、この契約では、契約者（保険料負担者）＝受取人の関係にあるから、その受取保険金は「一時所得」の扱いとなり、相続人が子だけしかいない場合は死亡時には節税面で大変有利な扱いをうけることができる。（詳細は後掲の第4節、第5節参照）

4　無税贈与話法を使った相続税作戦（その１）

（相続人が妻と子供の場合）

第３節無税贈与のあらましのところで、無税贈与の方法とその効用を紹介したが、ここで注意しておいていただきたいことは、無税贈与方式をとると、すべて相続税等が安くなるのかというとそうではない。この点の目安を明示すべくこの第４節と次の第５節を設けている。

結論から先にいうと、

・相続人が子供のみの場合――無税贈与方式では資産１億円超でほぼ節税になる

・相続人が妻と子供の場合――無税贈与の限度額110万円をフルに活用した場合、だいたい、資産６億円以上であれば効果があるが、あまり有効でない

〈設例〉

Ａさん宅の資産（課税価格合計額）は９億円（Ａさんを契約者・被保険者とする生命保険はない。）、その家族構成は、妻と長男・長女の４人家族である。（注・Ａさんは45歳）

Ａさんは、こんど妻・長男・長女それぞれを契約者として、Ａさんを被保険者、妻・長男・長女それぞれを受取人とする死亡保険金額4,000万円の生命保険契約に入った。それぞれの保険料110万円は、Ａさんから現金でそれぞれに無税贈与され、この事実は贈与契約書を作成し証拠とすることとした。

そして、Ａさんが仮に契約後１年以内に死亡したとする。

この場合、同じ保険料資金330万円（110万円×３人分）を使い、新たにＡさんが契約者・被保険者となり、保険金受取人を妻・長男・長女として、それぞれに4,000万円契約している場合とではどちらが納税額は安くなるだろうか。

〈計算〉

❶　㊫＝妻・長男・長女、㊯＝Ａさん、㊮＝妻・長男・長女の場合

Ａさんの死亡で、妻・長男・長女が受け取る4,000万円の死亡保険金はそれぞれの一時所得となる。妻・長男・長女には他に所得はなかったと仮定する。

● 所得税額の計算

$$\underset{\text{(死亡保険金)}}{\text{妻}\quad 4{,}000\text{万円}} \; - \; \underset{\text{(払込保険料累計額)}}{110\text{万円}} \; \times \; 1\text{回分} \; - \; \underset{\substack{\text{(一時所得の)}\\\text{特別控除額}}}{50\text{万円}} \; = \; \underset{\text{(一時所得)}}{3{,}840\text{万円}}$$

$$\underset{\text{(一時所得)}}{3{,}840\text{万円}} \; \times \; \frac{1}{2} \; - \; \underset{\substack{\text{(所得税の基)}\\\text{礎控除額}}}{48\text{万円}} \; = \; \underset{\text{(課税所得)}}{1{,}872\text{万円}}$$

$$\underset{\text{(課税所得)}}{1{,}872\text{万円}} \; \times \; \underset{\text{(税率)}}{40\%} \; - \; \underset{\text{(速算控除額)}}{279.6\text{万円}} \; = \; \underset{\text{(所得税額)}}{469.2\text{万円}}$$

$$\underset{\text{(復興特別所得税)}}{469.2\text{万円}} \; \times \; 1.021 \; = \; 479.05\text{万円}\;(\text{百円未満切り捨て})$$

したがって、妻・長男・長女の所得税額合計は、

479.05万円× 3 人　　　＝1,437.15万円 ……………………………………………(イ)

● 住民税額の計算

$$\underset{\text{(一時所得)}}{3{,}840\text{万円}} \; \times \; \frac{1}{2} \; - \; \underset{\substack{\text{(住民税の基)}\\\text{礎控除額}}}{43\text{万円}} \; = \; \underset{\text{(課税所得)}}{1{,}877\text{万円}}$$

$$\underset{\text{(課税所得)}}{1{,}877\text{万円}} \; \times \; \underset{\text{(税率)}}{10\%} \; + \; \underset{\text{(均等割)}}{0.4\text{万円}} \; + \; \underset{\text{(復興特別住民税)}}{0.1\text{万円}} \; = \; \underset{\text{(住民税額)}}{188.2\text{万円}}$$

したがって、妻・長男・長女の住民税額合計は、

188.2万円× 3 人　　　＝564.6万円 …………………………………………………(ロ)

● 相続税額の計算

　Aさんが妻・長男・長女の 3 人に贈与した110万円× 3 人＝330万円は資産の利息を充当したと考えて、ここでは遺産額の減額をしないこととする。

　従って、Aさんは遺産（課税価格合計額） 9 億円を残して死亡したわけであるから、妻と長男・長女がこれを法定相続分どおり相続したとして、相続税の総額を計算する。

　まず、課税される遺産総額は次のようになる。

$$\underset{\text{(課税価格合計額)}}{9\text{億円}} \; - \; \underset{\text{(遺産に係る基礎控除額)}}{(3{,}000\text{万円}+600\text{万円}\times 3\text{人})} \; = \; \underset{\text{(課税される遺産総額)}}{8\text{億}5{,}200\text{万円}}$$

ここで相続税の総額計算を行う。

$$\text{妻}\quad \underset{\text{(法定相続分)}}{8\text{億}5{,}200\text{万円}\times\frac{1}{2}} \; \times \; \underset{\text{(税率)}}{50\%} \; - \; \underset{\text{(速算控除額)}}{4{,}200\text{万円}} \; = \; \underset{\text{(税額)}}{1\text{億}7{,}100\text{万円}}$$

$$長男 \quad 8億5,200万円 \times \frac{1}{2} \times \frac{1}{2} \times 45\% - 2,700万円 = 6,885万円$$

$$長女 \qquad 同 \qquad 上 \qquad\qquad\qquad = 6,885万円$$

相続税の総額…… 3億0,870万円

　妻が課税価格合計額の$\frac{1}{2}$を取得していたとすると、配偶者の税額軽減措置で、この相続に伴う納税額は次のようになる。

　　　（相続税総額）　　（配偶者の税額軽減額）

$$3億0,870万円 - 3億0,870万円 \times \frac{1}{2} = 1億5,435万円 \cdots\cdots\cdots（ハ）$$

　Aさんの死亡に伴い妻・長男・長女が一時所得扱いとなる死亡保険金をそれぞれ4,000万円ずつ取得し、かつAさんの遺産9億円を相続したことにより生ずる納税額は合計すると次のようになる。

$$（イ）+（ロ）+（ハ）= 1,437.15万円 + 564.6万円 + 1億5,435万円 = 1億7,436.75万円 \cdots\cdots（A）$$

❷　契＝Aさん、被＝Aさん、受＝妻・長男・長女の場合

　Aさんの死亡で、妻・長男・長女が受け取る4,000万円の死亡保険金はそれぞれみなし相続財産となるから、①と同じようにAさんのみなし相続財産を除いた遺産を9億円と仮定すると、その遺産総額は次のようになる。

　9億円 + 4,000万円 × 3人 = 10億2,000万円

　課税価格合計額は、生命保険金の非課税財産500万円 × 3人分を控除しなければいけないから、次のようになる。

10億2,000万円 - 500万円 × 3人 = 10億500万円（課税価格合計額）

　そこで、まず課税される遺産総額を計算する。

（課税価格合計額）　　　（遺産に係る基礎控除額）　　　（課税される遺産総額）

10億500万円 - （3,000万円 + 600万円 × 3人）= 9億5,700万円

　ここで相続税の総額計算を行う。

　　　　　　　　　（法定相続分）（税率）　　（速算控除額）　　　　（税額）

$$妻 \quad 9億5,700万円 \times \frac{1}{2} \times 50\% - 4,200万円 = 1億9,725万円$$

$$長男 \quad 9億5,700万円 \times \frac{1}{2} \times \frac{1}{2} \times 45\% - 2,700万円 = 8,066.25万円$$

$$長女 \qquad 同 \qquad 上 \qquad\qquad\qquad = 8,066.25万円$$

相続税の総額………3億5,857.5万円

　妻が課税価格合計額の$\frac{1}{2}$を取得していたとすると、配偶者の税額軽減措置で、この相続に伴う納税額は次のようになる。

　　　（相続税総額）　　　（配偶者の税額軽減額）

$$3億5,857.5万円 - 3億5,857.5万円 \times \frac{1}{2} = 1億7,928.75万円 \cdots\cdots\cdots\cdots（B）$$

$⒝−⒜＝492万円$

　Aさんが無税贈与を使い、妻・長男・長女に一時所得扱いとなる生命保険金を残した場合と、同じ資金（払込保険料1年につき330万円）でもって新たにAさんを契約者・被保険者とし、妻・長男・長女を受取人とした生命保険契約を締結した場合、この設例では前者が後者より納税額で492万円、約2.7％安くなっている。

普通契約方式採用(A)による場合と無税贈与契約方式採用(B)による場合の総合税額比較表

Ａ：普通契約方式、㊎＝夫、㊙＝夫、㊥＝妻・子で各4,000万円受け取り

Ｂ：無税贈与契約方式、㊎＝妻・子、㊙＝夫、㊥＝妻・子で各4,000万円受け取り

夫（被保険者）＝45歳、保険金額4,000万円・保険料110万円（仮定）、契約後1年目に夫死亡

家族構成と契約方式 / 生保契約前の遺産額	妻と子1人の場合の税額			妻と子2人の場合の税額			妻と子3人の場合の税額		
	普通契約方式(A) 万円	無税贈与方式(B) 万円	差額(A)-(B) 万円	普通契約方式(A) 万円	無税贈与方式(B) 万円	差額(A)-(B) 万円	普通契約方式(A) 万円	無税贈与方式(B) 万円	差額(A)-(B) 万円
1億円	1,220	1,720	△ 500	1,413	2,317	△ 904	1,675	2,932	△1,257
2 〃	2,860	3,005	△ 145	2,948	3,352	△ 404	3,140	3,887	△ 747
3 〃	4,860	4,795	66	4,698	4,862	△ 164	4,855	5,209	△ 354
4 〃	6,930	6,795	136	6,661	6,612	49	6,713	6,824	△ 111
5 〃	9,180	8,940	241	8,786	8,557	229	8,588	8,632	△ 44
6 〃	11,500	11,190	311	10,983	10,682	301	10,785	10,507	278
7 〃	14,000	13,585	416	13,233	12,872	361	13,035	12,554	481
8 〃	16,500	16,085	416	15,554	15,122	432	15,285	14,804	481
9 〃	19,000	18,585	416	17,929	17,437	492	17,535	17,054	481
10 〃	21,500	21,085	416	20,304	19,812	492	19,785	19,304	481
11 〃	24,000	23,585	416	22,679	22,187	492	22,035	21,554	481
12 〃	26,570	26,085	486	25,196	24,562	634	24,500	23,804	696
13 〃	29,320	28,730	591	27,821	27,067	754	27,000	26,169	831
14 〃	32,070	31,480	591	30,446	29,692	754	29,500	28,669	831
15 〃	34,820	34,230	591	33,071	32,317	754	32,000	31,169	831

(注)1．たとえば、生保契約前の遺産額1億円コース・妻と子1人の場合、A欄（普通契約方式採用）の生命保険金を含む遺産額は（1億円＋4,000万円×2人＝1億8,000万円）となり、これをもとに法定相続分どおり相続したとして相続税額を試算し表中に記入している。

　　また、B欄（無税贈与契約方式採用）は、生保契約前の遺産額1億円の相続税額と、妻と子がそれぞれ一時所得扱いとして取得した収入金額（死亡保険金）4,000万円ずつの所得税額・住民税額を試算し、これらを合算して表中に記入している。

　　2．妻・子が一時所得として死亡保険金を取得した年中の収入はなかったものと仮定した。

　　3．払込保険料は資産額（遺産額）の利息から支出したものと考え、遺産額の減額をしていない。

　　4．上表中の「生保契約前の遺産額」は債務や非課税財産部分を差し引いた課税価格であるとする。

5　無税贈与話法を使った相続税作戦（その2）

（相続人が子供だけの場合）

1. 恐ろしい子供だけでする相続時の対策は万全か

　総じて父子間の相続に関心が強いためか、父親が死亡、その遺産の相当部分を受けつぐ母の遺産を子のみで相続する二次相続の相続税対策が等閑視されがちなのが実情である。そこで、このコーナーでは両親のうち、あとに残った片親（大体母親の場合が多い。）の遺産を子のみで相続したときの相続税がいかに大きなものであるか、このあたりをクローズアップして、そこから生命保険の活用ポイントを探ってみることにする。

● 相続税の納税実態はこうだ

　国税庁は、令和3年分の「相続税課税事績」をまとめ発表している。それによると、相続税の申告対象となった遺産総額は18兆6,038億円（課税価格）、前年に比べ3.3％の増加であった。

　話は前後するが、令和3年中の被相続人数（死亡者数）は143万9,856人、うち相続税の課税対象者数は13万4,275人、相続税の納付税額は相続人数29万3,741人、2兆4,439億円となっている。

　なお、遺産総額中に占める不換金性の土地や家屋等の占率は38.3％であった。

● 等閑視されてきた相続第2関門対策

　さて、それではいったい、相続税はその遺産額の多寡により、また相続人数の多少により、どれくらいの金額を納めることになるのであろうか。配偶者（妻の場合が普通）と子とで相続した場合、配偶者（父）は死亡し残った妻の遺産を子だけで相続した場合に分けて試算してみると、別表に示したような金額になる。

　この表をみて気付くことは、配偶者と子とで相続した場合の相続税額が、子だけで相続する場合に比べると、税額で約半分といった具合に大変少なくて済んでいるということである。

　ところが、一般にこれまで資産家が心掛けやってきた相続税対策というものは、資産家自身が死んだ場合に、妻と子がその遺産を相続する場合の相続税対策であり、夫の遺産の2分の1（妻の法定相続分）程度を一般に相続している妻がその後死亡したとき、その遺産を子だけで相続する際の相続税対策にまではほとんど気配りされていなかったというのが実情である。

この気配りされていない相続時の相続税が前述したように配偶者の税額控除といった特典がないため、大変多額の相続税額となって、必ず一度は子たちの上にやってくる。

生保セールスマンの生命保険を活用した相続税対策話法が、夫の遺産を相続する場合のそれに従来はしぼられていて、子だけで母親の遺産を相続するときの多額の相続税額納付対策にまで手がおよんでいなかったこともその要因の一つだったといえるだろう。

● 資産を持った母親を抱えている人の悩み

ある人からこんな悩みを聞いた。

この人の父はすでに死亡し、現在74歳になる母親がおられるらしい。この母は父の死亡時にその遺産の2分の1、4億円（土地が約7割）を相続しているのだが、相続時のことを考えると頭が痛いというのである。（下図参照）。

母が終身保険に5,000万円でも契約してくれていたら…その人の話である。

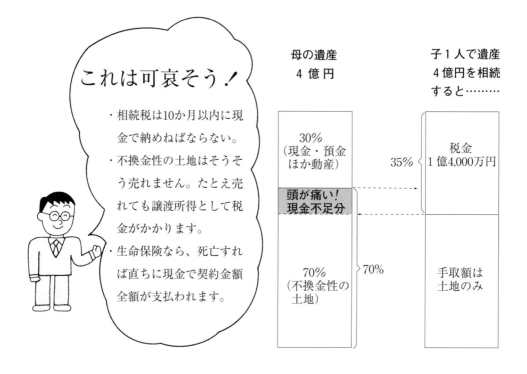

これは可哀そう！

・相続税は10か月以内に現金で納めねばならない。
・不換金性の土地はそうそう売れません。たとえ売れても譲渡所得として税金がかかります。
・生命保険なら、死亡すれば直ちに現金で契約金額全額が支払われます。

母の遺産
4億円

30%
（現金・預金
ほか動産）

頭が痛い！
現金不足分

70%
（不換金性の
土地）

70%

子1人で遺産
4億円を相続
すると………

35%

税金
1億4,000万円

手取額は
土地のみ

相続人が妻と子の場合、相続人が子のみの場合の相続税額比較一覧								
家族構成	相　続　税　額			相　続　税　額			相　続　税　額		
遺産額	妻と子1人(A)	子1人(B)	(B)−(A)	妻と子2人(A)	子2人(B)	(B)−(A)	妻と子3人(A)	子3人(B)	(B)−(A)
1億円	万円 385	万円 1,220	万円 835	万円 315	万円 770	万円 455	万円 263	万円 630	万円 367
1.5〃	920	2,860	1,940	748	1,840	1,092	665	1,440	775
2〃	1,670	4,860	3,190	1,350	3,340	1,990	1,218	2,460	1,242
2.5〃	2,460	6,930	4,470	1,985	4,920	2,935	1,800	3,960	2,160
3〃	3,460	9,180	5,720	2,860	6,920	4,060	2,540	5,460	2,920
3.5〃	4,460	11,500	7,040	3,735	8,920	5,185	3,290	6,980	3,690
4〃	5,460	14,000	8,540	4,610	10,920	6,310	4,155	8,980	4,825
4.5〃	6,480	16,500	10,020	5,493	12,960	7,467	5,030	10,980	5,950
5〃	7,605	19,000	11,395	6,555	15,210	8,655	5,963	12,980	7,017
6〃	9,855	24,000	14,145	8,680	19,710	11,030	7,838	16,980	9,142
7〃	12,250	29,320	17,070	10,870	24,500	13,630	9,885	21,240	11,355
8〃	14,750	34,820	20,070	13,120	29,500	16,380	12,135	25,740	13,605
9〃	17,250	40,320	23,070	15,435	34,500	19,065	14,385	30,240	15,855
10〃	19,750	45,820	26,070	17,810	39,500	21,690	16,635	35,000	18,365

(注)1．被相続人の遺産を相続人（相続遺産を受ける人）が法定相続分どおり相続した場合の相続税額を示している。

　　2．子はすべて成人になっているものと仮定し、税額控除は配偶者（妻）の税額軽減措置のみ適用している。

　　3．遺産額中には生命保険金は含んでいない。また、非課税財産や債務を差し引いた残りのいわゆる課税価格合計額を示している。

２回の相続（夫→妻・子、妻→子）でかかる相続税合計額一覧

家族構成／遺産額	相　続　税　額			相　続　税　額			相　続　税　額		
	妻と子1人(A)	子1人(B)	(A)+(B)	妻と子2人(A)	子2人(B)	(A)+(B)	妻と子3人(A)	子3人(B)	(A)+(B)
1億円	万円 385	万円 90	万円 475	万円 315	万円 80	万円 395	万円 263	万円 20	万円 283
2 〃	1,670	1,220	2,890	1,350	770	2,120	1,218	630	1,848
3 〃	3,460	2,860	6,320	2,860	1,840	4,700	2,540	1,440	3,980
4 〃	5,460	4,860	10,320	4,610	3,340	7,950	4,155	2,460	6,615
5 〃	7,605	6,930	14,535	6,555	4,920	11,475	5,963	3,960	9,923
6 〃	9,855	9,180	19,035	8,680	6,920	15,600	7,838	5,460	13,298
7 〃	12,250	11,500	23,750	10,870	8,920	19,790	9,885	6,980	16,865
8 〃	14,750	14,000	28,750	13,120	10,920	24,040	12,135	8,980	21,115
9 〃	17,250	16,500	33,750	15,435	12,960	28,395	14,385	10,980	25,365
10 〃	19,750	19,000	38,750	17,810	15,210	33,020	16,635	12,980	29,615

(注)1．被相続人の遺産を相続人（相続遺産を受ける人）が法定相続分どおり相続した場合の相続税額を示している。

2．子はすべて成人になっているものと仮定し、税額控除は配偶者（妻）の税額軽減措置のみ適用している。

3．遺産額中には生命保険金は含んでいない。また、非課税財産や債務を差し引いた残りのいわゆる課税価格合計額を示している。

4．子のみの相続では、当初遺産額の２分の１を相続するものとして計算している。

2．資産家でも相続税の納付時には〝火の車〟が襲来する

　相続税の恐ろしさを伝える記事が、日本経済新聞の昭和58年12月3日付（大阪版）「サラリーマン」欄に掲載されていた。資産家の相続時の悩みをよく伝えているので、その概要を紹介してみよう。

　　大阪の家電メーカーに勤めるＹさん（41）の父親が死んだ。明治生まれのまじめ一方の人で、他人や家族に迷惑や苦労をかけることはなかったが、最後に遺族に大きな難問を残していった。

　　「Ｙさんの相続税は総額で約1億7,000万円になります。即納できない場合は分納も可能です。分納は最長で15年、金利は年6％です。そうですね。年間1,500万円くらいになるでしょうか」

　　Ｙさんは一瞬、目の前が真っ暗になった。大金には縁がないにしろ、毎日、金繰りに身をすり減らさなくても良いのがサラリーマンの取りえのひとつ。ところが、Ｙさんはその日から金に追い回されることになった。

　　Ｙさんの父の遺産は不動産ばかり。大阪市内の住宅地約3,000坪。時価は約15億円。この土地がすべて更地なら、その一部でも売却すれば、相続税は簡単に支払うこともできた。だが、その土地には他人の家が建っている。つまり、土地を貸しているわけだ。戸数は130軒。年間約800万円の借地料はＹさんに入ることになったが、これでは相続税の支払いに700万円も足らない。

　　父の死んだ48年当時はまだ入社8年の平社員。給料の手取りは9万円前後。家のローンを払い、妻子3人を養わねばならない。700万円はどこから出る？　現在住んでいる人たちを追い出して土地を売り払うわけにもいかない…。

　　会社では、いくらこうした火の車的実情を話しても同僚からは「そんな苦労なら自分でもしてみたい」と、かえってうらやましそうな声が出る。

　　とにかく税金は納めなければいけない。「あと700万円。なんとかしないと…」。気はあせるが、なんともならない。そんな時、何軒かの家が「土地を買ってもよい」といっていることを聞いた。「助かった」。Ｙさんは飛んでいった。「お願いします」。頭を下げた。相手は足元をみてきたのか「坪10万円なら」。「そんなあほな。時価の3分の1やで」と思ったが、そんなことは言っておれない。泣く泣く売却した。

3．なぜ生命保険を利用すると相続時に有利だというのか

　いわゆる無税贈与話法による大型契約勧奨の手だてを述べる前に、相続税対策に生命保

険を利用することがなぜ有利なのか、従来から挙げている長所を、挿話をまじえながら指摘してみることにしよう。

いまここに、遺産総額2億円をもっていた加藤さんと山田さんの場合の例をあげて、遺族が納める相続税額の計算をしてみよう。

加藤さんは、全くの保険ぎらい。誰がなんといってすすめても、

「生命保険は損だ」

「おれは死なない」

頑として受けつけず、保険には加入していなかったので、当然2億円の遺産の中には生命保険金は含まれていない。

一方、山田さんは、

「相続人1人につき500万円が非課税財産になるように税制が決めているのは、国家が遺族1人につき最低500万円は残しておけ、さもないと、その後の生活に困るようになる——との親心からだろうが、今の世のなかにたった500万円とは、なんというみみっちさだろう。これで何年間か食べろというのだろうか。だが、これだけでも………」

といって、将来保険金を増やす約束をしながら、普通死亡2,000万円、災害死亡4,000万円の契約に加入していたので、この保険金額は、遺産総額のなかに含まれている。

加藤さんと山田さんは同じ会社に勤めており、年齢も趣味も同じで大の仲よし。家族数も妻と子供が3人、子供はみな成人していた。

ある日、2人は船を借りて海に釣りにでかけたが、秋の天候はなんとやら、急に空模様が変わったかと思うと、突風が吹き、大荒れ。いそいで船をもどそうと櫓（ろ）をあやつったが、高波にあい、船は転覆、2人とも溺死、天国へと旅立ってしまった。

なんといっても突然のこと、夢にも思わなかった災難、遺族の悲しみはとても筆や口でいいあらわすことのできない状態だった。

そして、つぎにきたものは相続税の追い打ちである。同じ遺産総額であるのに、加藤さんの遺族が納める相続税と、山田さんの遺族が納める相続税の金額とでは、後掲の計算のように違っていた。

しかも、山田さんの遺族は、

① 第1回目の保険料払い込み時から契約金額全額の支払いが四六時中保障され、

② 事故発生と同時に即時支払いが約束され、

③ かつ現金で手渡してもらえる

— 196 —

　生命（死亡）保険金で難なく相続税を納めることができたが、加藤さんの遺族は退職金だけでは足りず、また別に有価証券もなかったので、いままで住んでいた家を売り払って相続税を納めたそうである。家を売った所得（譲渡）に対する所得税までとられたうえに。

　退職金がなくなったばかりか家を売っての借家住まいと、退職金もそのまま残り家もある生活———全くこの差は大きい。こんなところに、生命保険を相続税準備対策の手段につかう理由、いや効用が従来強調されてきているのである。

　結局、加藤さんの遺族は、山田さんの遺族よりも、

　　　1,217.5万円－992.5万円＝225万円

すなわち、225万円多く相続税を納めるハメになったわけである。

```
─────── 加藤さん（生命保険がなかった）の場合 ───────
1. 遺産　2億円（妻と子3人のケース）
2. 遺産に係る基礎控除額
   3,000万円＋（600万円×4人）＝5,400万円
3. 課税される遺産総額
   20,000万円－5,400万円＝14,600万円
4. 相続税の総額
  ・法定相続分通りに分与
   妻……14,600万円×1/2＝7,300万円
   子……14,600万円×1/2×1/3＝2,433.3万円
   子……14,600万円×1/2×1/3＝2,433.3万円
   子……14,600万円×1/2×1/3＝2,433.3万円
  ・各人の税額
   妻……7,300万円×30％－700万円＝1,490万円
   子……2,433.3万円×15％－50万円＝315万円
   子……2,433.3万円×15％－50万円＝315万円
   子……2,433.3万円×15％－50万円＝315万円
    計………………………………… 2,435万円
5. 各人の負担する税額（実際に法定相続分どおり相続したと仮定）
   妻……2,435万円×1/2　　＝1,217.5万円
   子……2,435万円×1/2×1/3＝405.83万円
   子……2,435万円×1/2×1/3＝405.83万円
   子……2,435万円×1/2×1/3＝405.83万円
6. 妻は遺産の1/2を相続しているだけなので無税（配偶者税額控除）
   したがって
   405.83万円×3＝1,217.5万円
```

```
───────山田さん（生命保険金4,000万円加入）の場合───────
1. 遺産　2億円（妻と子3人のケース）
2. 生命保険金の非課税財産額
   500万円×4人＝2,000万円
3. 遺産に係る基礎控除額
   3,000万円＋（600万円×4人）＝5,400万円
```

4．課税される遺産の総額

20,000万円 − 2,000万円 − 5,400万円 = 12,600万円

5．相続税の総額

・法定相続分通り分与

妻……12,600万円 × ½　　　= 6,300万円

子……12,600万円 × ½ × ⅓ = 2,100万円

子……12,600万円 × ½ × ⅓ = 2,100万円

子……12,600万円 × ½ × ⅓ = 2,100万円

・各人の税額

妻……6,300万円 × 30% − 700万円 = 1,190万円

子……2,100万円 × 15% − 50万円 = 265万円

子……2,100万円 × 15% − 50万円 = 265万円

子……2,100万円 × 15% − 50万円 = 265万円

計……………………………………1,985万円

6．各人の負担する税額

妻……1,985万円 × ½　　　= 992.5 万円

子……1,985万円 × ½ × ⅓ = 330.83万円

子……1,985万円 × ½ × ⅓ = 330.83万円

子……1,985万円 × ½ × ⅓ = 330.83万円

7．妻は遺産の½を相続しているだけなので無税（配偶者税額控除）

したがって

330.83万円 × 3 人 = 992.5万円

4．こんな場合に無税贈与話法は真価を発揮する

●子供だけで相続するケースでいわゆる贈与話法を利用すると…

　生命保険が資産家の相続税対策になぜ効果的なのかという点について述べてきた。また、一般に資産家が死亡した場合の相続税額をいま少し詳しく区分けしてみると、夫の遺産をその妻と子で相続する場合に比べ、夫の遺産を相続した妻がその子にこれを相続する場合の相続税額のほうがぐーんと割高なものとなり、その対策こそが肝要であることも指摘してきた。そして、この事実がはっきりしているにもかかわらず、資産家が相続税対策を口にし実行する段になると、夫から妻・子への相続税対策については真剣に対応しながら、いま一方の妻から子への、つまり相続税額がぐーんと多額になる相続時の対策については往々にして等閑視されている事実を指摘してきた。

●「配偶者の税額軽減」は課税の先送り

　配偶者（たとえば妻）と子で夫の遺産を相続する場合、１億6,000万円か遺産額（課税価格）の２分の１以内を配偶者が相続するかぎり、それに対応する相続税額は１円も納めなくてよいことになっている。いわゆる「配偶者の税額軽減」といわれるもので、すでに読者は

ご存じのことである。

　しかし、片親（たとえば夫）が死亡しその配偶者である妻が税額軽減措置で1円の税金も納めず手にした遺産を、子たちに相続するときのことを考えてみよう。前に掲げた「**相続人が妻と子の場合、相続人が子のみの場合の相続税額比較一覧表**」には子1人…子3人の場合について、子だけで、残った片親（通常母親）の遺産を相続したときの相続税額を試算し示している。

　遺産の総額（課税価格）2億円を子1人で相続するとその5分の1を、子2人で相続するとその8分の1を相続税額として納めることになる。また、遺産の総額3億円の場合をみると、子1人の場合はその3割弱を、子2人の場合はその2割弱を相続税額として納めることになる。子だけで片親の財産を相続するときの相続税額の大きさがよくわかる。

　改めていうと、必ず片親（父）が死亡したあと、残った片親（母）の相続にぶち当たるわけであるが、意外にこのケースに対する相続税対策がたてられていないのが現状である。

5．無税贈与話法で大型契約を！

　それでは、この有望市場開拓の決め手話法になにかすばらしいものはないかということになるが、従来から使われてきた生命保険を活用した相続話法、つまり、夫を契約者・被保険者とし、子を死亡保険金受取人とする契約形態をもじって、妻を契約者・被保険者とし、子を死亡保険金受取人とする契約形態により、生命保険活用の相続税対策をたてるのもいいだろう。

　しかし、これではいまひとつパンチがきかない。ここで浮上してくるのが、いわゆる無税贈与話法なる大型契約勧奨話法である。

　この無税贈与契約方式を、母の遺産を子だけで相続する場合に採用すると、普通契約方式を採用して相続税対策をたてる場合に比較して、一段と税軽減効果を発揮する。

　税軽減効果の実績は後掲の表をみることだ。「税金が安くなる」という言葉がもつ説得力は偉大で、この機会に既契約者を洗い替えし、こうした観点から無税贈与話法を使ったニーズの掘り起こしを考えてみてはいかがであろうか。

　なお、これは必ずしも妻が未亡人になってからやるべきことではなく、被保険者を妻とする契約であるから、妻が1歳でも若い方が保険料は安くてすむ。夫自身の相続税対策にあわせ、妻の相続税対策を考えるべきであろう。

普通契約方式採用(A)による場合と無税贈与契約方式採用(B)による場合の総合税額比較表（父または母のいずれか既に死亡後に相続発生）

A：普通契約方式、㋕＝母（または父）、㋭＝母（または父）、㋬＝子で各4,000万円ずつ受け取り

B：無税贈与契約方式、㋕＝子、㋭＝母（または父）、㋬＝子で各4,000万円ずつ受け取り

母（または父）＝50歳（被保険者）、保険金額4,000万円、保険料110万円（仮定）、契約後１年目に母（または父）死亡

家族構成と契約方式 / 生保契約前の遺産額	子１人の場合の税額			子２人の場合の税額			子３人の場合の税額		
	普通契約方式(A)	無税贈与方式(B)	差額(A)-(B)	普通契約方式(A)	無税贈与方式(B)	差額(A)-(B)	普通契約方式(A)	無税贈与方式(B)	差額(A)-(B)
	万円	万円	万円	万円	万円	万円	万円	万円	万円
１億円	2,270	1,887	383	2,440	2,105	336	2,610	2,632	△ 22
２ 〃	6,260	5,527	733	5,720	4,675	1,046	5,610	4,462	1,148
３ 〃	10,755	9,847	908	9,720	8,255	1,466	9,180	7,462	1,718
４ 〃	15,750	6,127	9,623	13,860	5,945	7,916	13,180	10,982	2,198
５ 〃	20,750	19,667	1,083	18,360	16,545	1,816	17,180	14,982	2,198
６ 〃	25,750	24,667	1,083	23,000	21,045	1,956	21,465	18,982	2,483
７ 〃	31,245	29,987	1,258	28,000	25,835	2,166	25,965	23,242	2,723
８ 〃	36,745	35,487	1,258	33,000	30,835	2,166	30,465	27,742	2,723
９ 〃	42,245	40,987	1,258	38,000	35,835	2,166	35,250	32,242	3,008
10 〃	47,745	46,487	1,258	43,000	40,835	2,166	40,250	37,002	3,248

(注)１．たとえば、生保契約前の遺産額１億円コース・子１人の場合、A欄（普通契約方式採用）の生命保険金を含む遺産額は（10,000万円＋4,000万円×１人＝14,000万円）となり、これをもとに法定相続分どおり相続したとして相続税額を試算し表中に記入している。

　　　また、B欄（無税贈与契約方式採用）は、生保契約前の遺産額（課税価格）１億円の相続税額と、子がそれぞれ取得した一時所得扱いとなる収入金額（死亡保険金）4,000万円ずつの所得税額・住民税額を試算し、これらを合算して表中に記入している。

　　２．子が一時所得として死亡保険金を取得した年中の収入はなかったものと仮定した。

　　３．払込保険料は資産額（遺産額）の利息から支出したものと考え、遺産額の減額をしていない。

⑥　高率の贈与税を課されても相続財産を減らせばトクになる

　もし贈与税がなかったら、資産家のほとんどはその生前に資産の大半を家族に分け与えてしまうだろう。それでは相続税を設けている意味がなくなる。そこで高率の贈与税制度を設けて、生前に財産を分けたら高い税金をいただきますよ、ということで生前贈与による資産のシフトを防止している。こんなところから、一般に贈与税は相続税の補完税としての性格をもつといわれている。

　しかし、本当に生前贈与は得策でないのだろうか。せいぜい贈与税の基礎控除の110万円以内にとどめておくべきなのだろうか。一般常識からいくとこのように考えがちであるが、実際に計算をしてみると必ずしもこの先入観は正しくないようである。この事実を裏付けるものとして、たとえば、令和3年中に財産の贈与を受けた人で贈与税の申告をした人は、実に44.3万人。その贈与によって取得した財産の価額の総計は2兆3,751億円に達している。この事実は、相当の資産家が高率の贈与税を課されても、相続財産を減らしたほうが得策だと判断していることになる。

　　　（注）　令和3年中に贈与によって財産を取得し申告義務のある者は、44万3,326人となっている。
　　　　　　これらの者の取得した財産の総額は、評価額ベースで2兆3,751億円。1人あたり535.7万
　　　　　円の財産を贈与によって取得している勘定になる。

　そこで、この事実を確かめる意味で試算してみた結果が別表である。

　たとえば、遺産総額（課税価格）5億円ある人が3人の子供に法定相続分どおり相続したとすると、その相続税額合計は1億2,980万円。ところが、いまその生前に1度、子供1人につき1,000万円ずつ贈与しておいたとすると、その贈与税額合計が531万円となる。そして、5億円の遺産の残高4億7,000万円（5億円−3,000万円）を子供3人が均分に相続したとすると、その相続税額合計は1億1,780万円。さきの贈与税額531万円と合わせると、1億2,311万円となる。

　5億円をずばり3人の子供に相続させた場合の相続税額1億2,980万円と比べると、669万円も生前贈与をやった場合のほうが税金が安くてすむことになる。

　同様のことが、遺産総額（課税価格）2億円を子供2人で相続した場合についてもいえる（別表参照）。

〈別表〉 親がその生前に子供へ1,000万円ずつ贈与した場合Ⓑとしなかった場合Ⓐの税負担額比較

相 続 人	遺産総額 (課税価格)		相続税の総額	贈 与 税 (子供1人に1,000万円贈与)	税 負 担 額
〈設例1〉 子供 3人	Ⓐ	5億円	129,800,000円	一円	129,800,000円
	Ⓑ	4.7億円	117,800,000	(3人分) 5,310,000	123,110,000
	Ⓐ-Ⓑ 差 引 計		12,000,000	△ 5,310,000	6,690,000
〈設例2〉 子供 2人	Ⓐ	2億円	33,400,000	―	33,400,000
	Ⓑ	1.8億円	27,400,000	(2人分) 3,540,000	30,940,000
	Ⓐ-Ⓑ 差 引 計		6,000,000	△ 3,540,000	2,460,000

　さて、ここで考えていただきたいことがある。この贈与された金額を一時払生命保険に投入したとしたらどうなるだろうか。生命保険の場合、この章の第2節でも述べているように、保険料払い込み時に贈与税申告書など贈与事実の心証を得られるものを整えておくと、保険料負担者の判定において、保険契約者（贈与を受けた子供など）が主張すればその保険料を負担したこととなるようになった。したがって、受贈者（子供など）が契約者となり、その贈与金額を一時払保険料に充当すると、他の利殖方法にくらべ、安全・有利な利殖効果をその利用で得られる。

超高額相続事例にみる生前贈与の活用

　これまでの最高課税遺産額は、平成元年4月に94歳で亡くなった松下幸之助氏の約2,450億円だが、遺産の97%以上が松下グループの株式であり、妻子ら7人の相続税も855億円とケタはずれだった。しかし、妻・むめのさん（当時93歳）は遺産の半分1,225億円を相続したが、配偶者の税額軽減のおかげで、相続税はかからなかった。

　そのむめのさんは平成5年9月に97歳で亡くなったが、翌年6月に公示された時の課税遺産額は約56億円。相続税は約39億円にもなったが、わずか4年の間に、幸之助氏から相続した財産は4分の1に減っていた。実は、むめのさんは平成元年中に約840億円、同2年中に245億円を孫ら4人に生前贈与し、さらに25億円を寄付していた。2年間での贈与合計額は1,085億円にのぼり、贈与税額も約760億円という巨額だったとみられる。

　また、大正製薬の創業者・上原正吉氏は昭和58年に亡くなり、それまでのトップとなる約669億円の遺産を残し、妻・小枝（さえ）さんと子の昭二氏が半分ずつ相続した。その後、やはり生前贈与が行われている。

　小枝さんは、平成8年8月に87歳で亡くなったが、その年の6月に孫2人とひ孫3人の計5人に約116億円を贈与していた。贈与財産は、大正製薬の株式500万株と東京都中野区の自宅敷地約1,800㎡で、ほぼ均等に5等分されたという。小枝さんの法定相続人が昭二氏1人であるため、様々な相続税対策を実施していた。さらに、昭二氏も平成10年に所有する168億円相当の大正製薬の株式約600万株を大学生の3人の孫に200万株ずつ贈与している。同社は同族会社であるため、この贈与は3人の孫を安定株主とする目的で行われたという。

孫への一代飛び越し贈与で節税

　これだけの規模の大型相続が現在発生すれば、その相続税率は最高の50%となる。仮に、1,225億円の財産が子供に相続され、さらに孫へと2回相続されると、財産の8割近くが相続税支払いに消えてしまうことになる。それならば、一代飛ばして直接、孫に贈与すれば最高税率は同じ50%であり、1回だけの課税ですむ。

　ところで、相続税の課税価格の計算には「相続開始前3年以内の贈与財産の加算」があり、生前贈与との関係が気になる。しかし、この制度は「相続や遺贈によって財産を取得した人が、その相続前3年以内に被相続人から財産の贈与を受けていたときは、その贈与財産の価額をその人の相続税の課税価格に加える」というものであるから、受贈者が被相続人から相続や遺贈により財産を取得しなければ関係ないわけだ。

生前贈与 ケタはずれ245億円

史上最高の二千四百五十四億円の遺産を残して平成元年四月、九十四歳で死去した松下電器産業創業者松下幸之助さんの妻、むめのさん（九五）（大阪府門真市）が相続した遺産のうち、約二百四十五億円を孫ら四人に贈与したとして二十四日朝、兵庫県西宮税務署に公示された。贈与税額は計約百七十億円にのぼるとみられ

幸之助夫人 むめのさん

れ最も税額が多い孫の一人。むめのさんは配偶者控除を受けて無税だった。むめのさんの資産がいったん全国トップだった大昭和製紙名誉会長斉藤了英氏（七五）の三十一億二千万円の約三倍と、ケタはずれの資産ぶりを改めて見せつけた。

幸之助さんの遺産は、松下グループの株が中心で、飛ばして直接、孫への「贈与」の形をとれば一回だけ納める必要があるが、一代が約百二十七億円、弘幸さんが約六十六億円などで、正幸さんの税額は約八十九

だけで、昨年分の所得税額除を受けて無税だった。

贈与を受けるのは、孫で
子供に相続、さらに子から孫と相続された場合、相続の七〇％の税率となる。

松下電産常務取締役、正幸さん（四五）、プロレーサー、弘幸さん（三〇）（米国在住）と姉夫婦。贈与額は正幸さんが約百二十七億円、弘幸さんが約六十六億円などで、正幸さんの税額は約八十九

億円にのぼる模様。贈与財産は、グループの株式が中心とみられる。

贈与を受けた上位十人の中で正幸さんら三人がベスト3に。

贈与について松下電産広報本部は「節税対策ということではなく、かわいい孫たちに、というむめのさん自身の希望で贈与した、と聞いている」と話している。

県で、昨年一年間に贈与を受けた上位十人の中で正幸さんら三人がベスト3に。大阪国税局管内の二府四

孫ら4人 一代飛ばし"節税"

> ⑦　毎年均等額の贈与をくり返すのがもっとも税金は安い

　このコーナーでは、生前贈与を行うとした場合、具体的にどうすることで一番贈与税が安くてすむか、この点を考えてみることにした。

　下記の表は、これから1,500万円のおカネを5年間にわたりそれぞれ異なる3つの方法で分割贈与した場合の贈与税額を示したものである。

計画贈与の税額比較表

	1年目	2年目	3年目	4年目	5年目	計
贈与財産①	300万円	300万円	300万円	300万円	300万円	1,500万円
（贈与税）	(19)	(19)	(19)	(19)	(19)	(95)
贈与財産②	110	400	110	400	480	1,500
（贈与税）	(0)	(33.5)	(0)	(33.5)	(45.5)	(112.5)
贈与財産③	230	270	310	330	360	1,500
（贈与税）	(12)	(16)	(20)	(23)	(27.5)	(98.5)

（注） 定期贈与については考慮していない。（　）内は贈与税額を示す。

　毎年300万円ずつ均等額を贈与するケース①の場合、5年間の贈与税は95万円である。ところが、毎年の贈与金額を変えるケース②とケース③の場合は、それぞれ税金が112.5万円、98.5万円となる。

　このことは、ある一定額を5年とか10年で贈与したいと考えているときは、毎年均等額の贈与をくり返すのがもっとも税金が安くつくことを示している。これを「知る」と「知らぬ」の差は大きく、有税贈与を使って払込保険料を贈与し、受贈者を契約者とする生命保険契約を行うときは、したがって配当金を積立方式とし終始一定額である表定保険料（営業保険料）を払い込んでいく方法が節税面で大変有利であるといえるだろう。（この場合、一定金額である保険料相当額の贈与は定期贈与とみなされないというのが一般的見解である。その点についてはこの章の第2節を参照のこと。なお、税務署によっては違った見解を示す担当官もあると思われるので、この方式をもってお客さまへ勧奨するときは念のため所轄の税務署の担当官の意見をただしておくことをおすすめする。）

● 連続生前贈与は意外に有利な結果を示す資産削減法である

生前贈与を活用して得た資金を元手に、受贈者が契約者となり、被保険者をその両親なり受贈者本人とし、受取人を受贈者自身とする生命保険契約を結んでも、これまではその契約に保険事故が発生するまで（被保険者の死亡や満期、解約など）課税関係は発生せず、保険事故が発生した時点で誰が保険料を負担していたかの事実をとらえ課税されることとなっていた。したがって、このケースでは受贈者自身が保険金などを受け取っても必ずしも一時所得扱いとならず、全額贈与の扱いを受け、がっぽり税金を納める場合が多かったわけである。

これが昭和58年秋の事務連絡の発表により、ある一定の証拠を整えておけば一時所得扱いとなり、一部の例外を除けば税軽減効果を生むこととなった。

そこで考えさせられることはこの保険金受取時の税軽減効果とは別に、連続して生前贈与することで相続税対策としてどんな税軽減効果を生むかということである。

次の計算比較はこの問いに対する答えである。連続生前贈与のメリットがはっきりそこに出ている。

大いに生命保険を利用すべきであろう。

● 連続して生前贈与をした場合の相続税の税軽減効果
―― 相続財産 3 億円、妻と子供 2 人のケース（法定相続分を相続）――

Ⅰ　連続贈与をしない場合

相続税の計算

30,000万円 − (3,000万円 + 600万円 × 3 人) = 25,200万円

妻　　25,200万円 × $\frac{1}{2}$ = 12,600万円

　　　12,600万円 × 40% − 1,700万円 = 3,340万円

子供　25,200万円 × $\frac{1}{2}$ × $\frac{1}{2}$ = 6,300万円

　　　6,300万円 × 30% − 700万円 = 1,190万円

相続税の総額　3,340万円 + 1,190万円 × 2 人 = 5,720万円

妻の税額控除　5,720万円 × $\frac{1}{2}$ = 2,860万円

納付額　　　　5,720万円 − 2,860万円 = 2,860万円

Ⅱ　連続贈与をした場合

Ⓐ　贈与税の計算（年間 1 人当たり210万円、10年間暦年贈与）

$$210万円 - 110万円 = 100万円$$

$$100万円 \times 10\% = 10万円$$

$$10万円 \times 3人 = 30万円$$

納付税額　30万円 × 10年 = 300万円

Ⓑ　相続税の計算（10年後における贈与財産控除後の相続財産に対する税金）

$$30,000万円 - 6,300万円（贈与財産） = 23,700万円$$

$$23,700万円 - (3,000万円 + 600万円 \times 3人) = 18,900万円$$

妻　　$$18,900万円 \times \frac{1}{2} = 9,450万円$$

$$9,450万円 \times 30\% - 700万円 = 2,135万円$$

子供　$$18,900万円 \times \frac{1}{2} \times \frac{1}{2} = 4,725万円$$

$$4,725万円 \times 20\% - 200万円 = 745万円$$

相続税の総額　2,135万円 + 745万円 × 2人 = 3,625万円

妻の税額控除　$$3,625万円 \times \frac{1}{2} = 1,812.5万円$$

納付額　　　　3,625万円 - 1,812.5万円 = 1,812.5万円

Ⓒ　納税額合計（Ⓐ + Ⓑ）300万円 + 1,812.5万円 = 2,112.5万円

○税軽減効果（Ⅰ - Ⅱ）= 2,860万円 - 2,112.5万円 = 747.5万円

　さらに、妻が死亡した場合の二次相続のことを考えると、連続贈与しているほうが、妻の相続財産は少ないわけだから、一層有利になるといえるだろう。

8 相続時精算課税制度の活用

● **相続税のかからない人、少額の相続税納税者には効果ある制度**

　相続時精算課税制度では、2,500万円の特別控除額が設けられているが、相続時にはこれら生前贈与財産を相続財産に加算し相続税額を計算することから、効果的ではないとする向きもある。確かに、もともと多額の相続税がかかる資産家にとっては、相続時精算課税制度の特別控除額は相続税基礎控除の先取りともいえなくもなく、税軽減の観点からあまり効果がないといえる。

　しかし、もともと相続税のかからない人や、相続税がかかっても少額の人には効果が大きく、幅広い生命保険料贈与の活用ができる。

● **課税価格が遺産に係る基礎控除以下であれば、無税で多額の資金移転が可能に**

　今仮に父と母、子供2人という家族で、4,800万円（課税価格）の資産を有する父が相続時精算課税制度を利用して子供たちにそれぞれ1,000万円の生前贈与を行なうとしよう。そして、父が死亡した場合、その相続税額は次のようにゼロとなる。

　①相続財産額

　　2,800万円＋（1,000万円＋1,000万円）＝4,800万円

　②課税価格

　　4,800万円（債務等はなかったとする）

　③課税される遺産額

　　4,800万円－（3,000万円＋600万円×3人）＝0

　つまり、一度に1,000万円ずつの贈与を行なったにもかかわらず、贈与税も相続税もかからずに生前贈与を行なうことが可能となる。また、たとえ2,500万円を超える贈与を行なって贈与税を納めたとしても、相続時にその税額相当額の還付を受けることができるため通算納税額はゼロとなる。

　一方、この父が通常の方法（暦年課税方式）でそれぞれの子供たちに毎年250万円ずつ贈与を行ない、4年後に死亡した場合はどうなるだろうか。次のように、相続税はかからないが、毎年の贈与税累計112万円かかることになる。

①毎年の贈与税額

　　（250万円－110万円）×10％＝14万円（子供1人につき）

　　14万円×2人＝28万円

②4年間の通算贈与税額

　　28万円×4年＝112万円

　上記の例では、4,800万円の資産を有する父が子供たちに1,000万円ずつ贈与するという極端な例ではあるが、いずれにしても、暦年贈与課税方式によって毎年110万円を超える贈与を行なう場合は少なからず贈与税がかかってくる。それなら、相続時精算課税制度を利用した生前贈与を行なったほうが税軽減効果と一度に多額の資金移転ができるというメリットを享受することができる。

　また、少額の相続税がかかる人の場合でも上記とほとんど変わらない。先の家族で父の所有財産が1億5,000万円である場合、相続税額は748万円であり、生前に無税で2,500万円ずつ贈与したとしても、子供1人あたり374万円の相続税負担で済む。この程度の相続税負担であれば納税資金の心配はそれほどないであろうが、一部を被保険者・贈与者とする保険に加入してもらう方法もある。

　ともあれ、相続税負担が比較的軽く、かつ贈与者の生前のうちに少しまとまった資金等を子供たちに移転しておきたいという人には十分活用できる制度である。

●受贈者は自由に保険種類・契約形態を選ぶことができる

　以上のように、受贈者は贈与者が死亡したときの相続税の納税を心配する必要がないことから敢えて被保険者を贈与者とすることもなく、加入する保険の種類や契約形態にも縛りがない点も見逃せないメリットである。まとまった資金を一時払、短期払などとして大いに活用すべきであろう。

　なお、令和5年度税制改正により、相続時精算課税制度にも年間110万円の基礎控除が設けられ、令和6年1月1日以後の贈与から適用されることになった。この基礎控除までは特別控除額の対象とならず、申告も必要ない。また、贈与者の相続時にも相続財産へ加算する必要もない。

　これらの点も考慮し、相続時精算課税の活用を検討する必要がある。

　贈与とは、贈与者による贈与の意思表示と受贈者による受贈の意思表示をもって成立する契約（諾成契約）行為であることが特徴であり、贈与者による一方的な意思表示のみでは民法上の贈与は成立しないことになる。

　例えば、父母（祖父母）が子（孫）名義で毎年預金をしていても、その預金の存在をその子が知らない場合には、受贈者（子や孫）による受贈の意思表示がないことから、贈与は成立していないと考えられる。そのため、子（孫）名義の預金が行なわれて何年経過していても、民法上の贈与が行なわれていない以上、税務上の時効は成立しないことになる。

　名義預金とは、形式的には配偶者や子・孫などの名前で預金しているが、収入等から考えれば、実質的にはそれ以外の真の所有者がいる、つまり、それら親族に名義を借りているのに過ぎないものをいう。そのため、名義預金は名義人の財産とはならず、亡くなった人の財産として相続税の課税対象とされることも多い。

┌───┐
│ **●孫への贈与について** │
│ 　預貯金については、孫の年齢の財産の管理能力が贈与を立証する一つの判断材料となる。定期預金を孫の名義で預け入れた場合においては、通帳および印鑑の保管、管理、または満期到来時の書換えまたは解約等の手続きが誰により行なわれたか、孫にこれらの行為をするだけの判断能力があったかどうか、ということが贈与を立証する場合の重要なポイントとなる。 │
└───┘

○　請求人は、本件貸付信託等の贈与者は、請求人の父ではなく、母であり、また、本件貸付信託等のうち貸付信託1ないし3に係る部分の贈与を受けた時期は昭和63年中であることから、当該部分は国税徴収権の消滅時効により、徴収権が消滅している旨主張する。

　しかしながら、請求人の父は、本件貸付信託等の原資となる貸付信託及び預貯金等を自らが記載したノート等に克明に記録し、これらの原資について請求人の母名義で管理していたと認められることから、請求人に対する贈与者は請求人の父と認められる。また、貸付信託1ないし3の贈与の時期については、請求人の父が記録したノートに「平成元年10月3日　通帳を請求人に渡す」等の記述があること並びに貸付信託2及び3の認定時の信託申込書の住所欄には、請求人の住所が誤って記載されていることから、請求人が昭和63年中に総合口座通帳を持参して設定したとは認められず、平成元年10月3日に貸付信託1ないし3を含めたところの本件貸付信託等の贈与を受けたものと認められる。（平9.6.6名裁（諸））

○　原処分庁は、本件仮名預金が被相続人に帰属するものであるから、相続財産を構成するものであると判断しているが、本件仮名預金もしくはその原資である預金は遅くとも本件相続開始時点には包括受遺者の支配下において管理運用されていたと認められること、その帰属に関し、請求人らと包括受遺者との間の訴訟に係る判決では、預金先の銀行員の本件仮名預金の原資が包括受遺者に対して贈与されたものであると認識していた旨の供述及び包括受遺者の贈与目的に係る供述などを根拠とし、包括受遺者に対して生前贈与ないし死因贈与がされたと認める旨判断していることなどからすると、本件仮名預金は被相続人の生前に包括受遺者に対して贈与されたと解するのが相当である。したがって、本件仮名預金は相続財産を構成するものではない。（平10.11.5大裁（諸））

○　本件定期預金は、被相続人の固有財産であった別口の定期預金の解約金をもって請求人名義で設定されているところ、その設定及びその後の管理運用をすべて請求人が行なっていることにかんがみれば、本件定期預金の設定時に被相続人から請求人に対し当該金員の贈与があったものと推認するのが相当である。（平10.3.11大裁（諸））

○　原処分庁は、平成6年当時6歳の子名義の預金について、贈与の意思表示をする法律行為能力のない子から父親である請求人への贈与と認定している。ところで、本件金員の中に子名義の定期貯金が2口あり、1口は昭和63年に曾祖父からの現金贈与を原資としており、子の固有財産と認められる。そして、子は、その当時6歳で法律行為能力がない上、父子間の利益相反行為につき、子のために特別代理人が選任された事実も認められない状況下においては、上記定期貯金が請求人に有効に贈与されたと判断するに足る課税要件事実が充足されているとはいえない。さらに、請求人の行為は、単に一時的に娘の定期貯金を無断借用との余地も考えられ、これをもって直ちに対価を支払わずに経済的利益を享受したものとはいえないから、贈与により取得したとみなすことは相当でない。他の1口については、親の収入を原資として平成元年に発生した定期貯金に基づくものであるから、子名義で貯金されているとはいえ、請求人による単なる名義使用と見るのが相当と考えられる上、その管理運用は請求人がしており、請求人が自己債務の返済に充てる目的で払い戻しを受けるなどしていたと認められることに照らし、貯金の帰属はもともと請求人にあったと判断される。したがって、これら2口の定期貯金に係る金員については、これを贈与として課税することは相当でないと考えられる。
　（平13.6.12大裁（諸））

生命保険と相続を
めぐる難問疑問集

第7章

生命保険と相続をめぐる難問疑問集

　生命保険と相続は切っても切れないものである。基本的なことは理解していても、実務では意外と「はて、どうだったかな？」というケースに多々出くわすものである。この章では、そうした生命保険と相続をめぐる難問疑問をまとめてみた。

1．雇用主が保険料を支払っていた場合に従業員や家族が取得する生命保険金の取り扱い

　死亡保険金などの課税関係は保険料負担者、被保険者、保険金受取人の関係によって決定される。では、雇用主（法人、個人事業主）が従業員（役員を含む。以下同じ）を被保険者、その者の家族を受取人とする生命保険契約の保険料を負担した契約において、従業員やその家族が受け取る保険金の課税関係はどうなるのだろうか。

　その取り扱いは、次のようになる（相基通3—17）。

(1) 従業員の死亡を保険事故としてその相続人その他の者がこの保険金を取得した場合

　　雇用主が負担した保険料は、当該従業員が負担していたものとして、雇用主が負担した保険料に対応する部分については、相続または遺贈により取得した生命保険金とみなされる。したがって、相続人が取得した分については法定相続人1人当たり500万円の非課税財産の適用がある。

(2) 従業員以外の者の死亡を保険事故として当該従業員がこの保険金を取得した場合

　　雇用主が負担した保険料は、その従業員が負担していたものとして、この保険料に対応する部分については、相続税および贈与税の課税関係は生じないものとされる。取得した従業員に一時所得として所得税が課せられる。ただし、一時所得の計算上、それを得るために支出した費用として控除できる金額は、給与課税されていた場合の保険料の額とされる。したがって、福利厚生等として保険料について給与課税がなければ、控除できる金額は一時所得の基礎控除額50万円のみとなる。

(3) 従業員以外の者の死亡を保険事故としてその従業員およびその被保険者以外の者がその保険金を取得した場合

　　雇用主が負担した保険料は、その従業員が負担していたものとして、その保険料に対応する部分については、贈与により取得された保険金とみなされ、贈与税の対象となる。

　つまり、雇用主が負担した保険料は、従業員が負担していたものとして課税関係が決ま

るのである。ただし、雇用主がこの保険金を従業員の退職手当金等として支給することとしている場合には、この保険金は相続または遺贈により取得した退職手当金等に該当する。

　なお、入・通院給付金等は、従業員や家族（本人または配偶者その他の親族を含む）が受け取る限り非課税となる。

２．受取人を単に「相続人」としていた場合の生命保険金

　被相続人が受取人を単に「相続人」と定めている場合には、被相続人の意思解釈によりその生命保険金が相続財産（遺産）に含まれるか含まれないかが決まる。

　被相続人が、相続によって承継される旨を注意的に記載したものとみられるならば遺産と考えられるが、その指定が被相続人死亡時の相続人個人を指定しているとみられるならばその相続人個人の固有財産となり、遺産に含まれない。

　なお、保険金の受取人を単に「相続人」としており、かつ、相続人が数人ある場合には、各人が取得すべき金額は民法で規定する相続分の割合により計算した金額となる。（平成6年7月18日最高裁判決）

３．被相続人が自分自身を被保険者および受取人としている場合

　相続税法上、相続または遺贈により保険金を取得したものとみなされる「保険金受取人」とは、保険約款等の規定に基づいて保険金を受け取る権利を有する者をいうことになっている（相基通3-11）。したがって、被相続人が受取人となっていて指定受取人がいないときであっても保険金を受け取る権利を有する者が保険約款の定めにあればそれにより、保険約款に定めがない場合は民法、商法、保険法等の規定により判断することとなる。

　なお、この保険金を相続人が受け取る場合は、法定相続人1人当たり500万円の非課税財産が適用される。

４．被保険者よりも先に指定受取人が死亡した場合

　この場合は、保険法第46条、第75条に規定されている。契約者は、受取人を再指定することができるが、この再指定をしないまま被相続人が死亡すると、受取人の相続人が保険金を取得することになる。そして、相続人は相続により権利を取得するのではなく、固有の権利として取得するものと考えられる。

　問題は、いつの時点の相続人が権利を取得するかである。

　この点については、契約者または被保険者の死亡時を基準とする考え方と、当初指定されていた受取人の死亡時を基準とする考え方があり、判例も、受取人の死亡時の相続人と

するものと、契約者の死亡時の相続人とするものとがあった。

　しかし、最高裁は「普通保険約款において、生命保険の保険金受取人の死亡時以後、保険金の支払事由が発生するまでに保険金受取人が変更されていないときは、保険金受取人は死亡した保険金受取人の死亡時の法定相続人に変更されたものとする旨が定められているときは、その趣旨は、死亡した保険金受取人の法定相続人または順次の法定相続人で保険金の支払事由が発生した当時において生存する者を保険金受取人とすることにあると解すべきである」判示している（最判平4・3・13）。

　なお、この場合において、受取人の決定基準として「法定相続人」という地位を利用するものにすぎず、指定受取人の権利を相続承継するものではない。したがって、複数の受取人が存在することになっても、その間では保険金請求権を平等の割合で取得する（民法第427条「分割債権及び分割債務」）のであり、相続分の割合で取得するものではない。

5．相続人がいない被相続人の生命保険金を受け取った場合

　この場合、受取人は被相続人から遺贈により取得したものとみなされて相続税が課せられる。

　相続税計算上において、受取人は相続人でないため、法定相続人1人当たり500万円の生命保険金の非課税財産は適用されない。ただし、3,000万円＋（600万円×法定相続人の数）の遺産に係る基礎控除は受けることができる。このケースでは法定相続人はいないので3,000万円がその額となる。また、通常の方法により算出した相続税額に2割加算した金額が納税額となる。

　なお、相続人以外の者（相続を放棄した者を含む）が遺贈により財産を取得した場合、相続税の計算においては、①生命保険金および退職手当金等に係る非課税財産、②債務控除、③相次相続控除の規定は適用されない。ただし、先に述べた①遺産に係る基礎控除や、②配偶者の相続税額の軽減等の規定は適用できることになっている。

6．被保険者に支払われるべき高度障害保険金をその相続人が受け取る場合

　例えば、被保険者が交通事故で高度障害状態となり、保険会社が被保険者に高度障害保険金を支払うことを決定した後、その保険金を受け取る前に被保険者が死亡し、結局その相続人がこれを受け取るようなケースである。

　このような場合の保険金は被保険者に帰属した権利（未収保険金の請求権）を、相続人が相続により取得したことになり、みなし相続財産としての保険金とはならない。本来の相続財産として相続することとなる。

7．保険金が受取人の固有財産である根拠

「保険契約が締結されたとき、契約者でありかつ被保険者である被相続人が特定の相続人を受取人に指定し、その氏名が明示されている場合、このときは受取人とされた相続人が死亡保険金を受け取るのは保険契約の効果であって、相続による取得でないことは明らかである。つまり、この場合は、当該死亡保険金の請求権は、保険契約の効力発生と同時に相続人固有財産となり、保険契約者かつ被保険者である被相続人の遺産から離脱している」と最高裁昭和40年2月2日の判決で示されている。そしてこの場合、「相続人が限定相続をしたならば相続債務の引き当てになることはない」と大審院昭和11年5月13日の判決で示しており、したがって、遺贈の目的とすることも許されない。

　死亡保険金受取人が指定されている場合、それは指定された受取人の固有の財産であり、相続放棄や限定承認をすれば被相続人の債権者にその死亡保険金を差し押さえられることはないとして、生命保険の活用を勧めるケースがみられるが、「保険金は受取人の固有の財産である」という根拠はこうしたところにある。

8．遺言による保険金受取人変更の可否

　遺言による保険金受取人の変更の可否については昭和62年10月29日最高裁第一小法廷判決で「契約者が行なう保険金受取人を変更する旨の意思表示は、契約者の一方的意思表示によってその効力を生ずるものであり、また、意思表示の相手方は必ずしも保険会社であることを要せず、新旧保険金受取人のいずれに対して行なってもよく、この場合には、保険者（保険会社）への通知を必要とせず、右意思表示によって直ちに保険金受取人変更の効力が生ずるものと解される」と示され、また、翌年12月21日大阪高裁でも「保険契約者が契約に基づく保険金およびその所持金全部を受贈者とされる者に遺贈する旨の遺言公正証書を作成し、かつ、これを同人に示した場合、その時点で同人は死亡保険金受取人となったというべきであり、また、保険契約者の生前中に発生した入院給付金請求権は、右遺言により受贈者に遺贈された」と判決を下した。

　この点について、平成20年6月6日に公布された保険法は、保険金受取人の変更は、保険者に対する意思表示によって行う（保険法43条2項）として、相手方のある意思表示としつつも、遺言によっても可能であって（保険法44条1項）、保険者に対する通知を対抗要件とする（保険法44条2項）と規定して、立法的解決を図っている。

9．被保険者と保険金受取人が同時死亡した場合の保険金受取人は誰に？

　保険金受取人が被保険者より先に死亡した場合は、保険契約者がさらに受取人を指定す

ることとなり、もし、その指定をしないで保険契約者が死亡すると、受取人の相続人が保険金受取人となるとされている（保険法第43条、第46条）。

　ところで、契約者・被保険者と保険金受取人が交通事故などで同時に死亡するといったケースでは、その死亡保険金受取人は、死亡した保険金受取人の相続人がなる。その場合、相続人が複数いるときは死亡保険金を均等に受け取ることとなる。

　なお、同時死亡と推定される者同士の間では相続は生じないこととされている。

10. 受取人が同時死亡した場合の生命保険金の非課税規定の適用

　契約者・被保険者と保険金受取人が同時死亡した場合の生命保険金は、死亡した指定受取人の相続人が新たな受取人となり、相続人が複数いる場合は均等にこれを取得することとなる（上記参照）。

　ところで、こうしたケースでの相続税額計算上の非課税規定の適用（相続税法第12条）はどのようになるのだろうか。設例を使って解説してみよう。

【設例1】次図のような家族構成で、父を契約者・被保険者、長男を保険金受取人、生命保険金5,000万円とする契約で、両名が同時死亡した場合の死亡保険金受取人および生命保険金の非課税規定である法定相続人1人当たり500万円の適用はどうなるか。

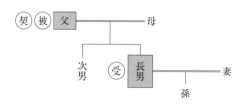

　（解説）上記ケースで父と長男が同時に死亡した場合の受取人とその額については、指定受取人・長男の相続人である妻と孫が受取人となり、それぞれ2,500万円ずつ受け取ることとなる。

　次に、生命保険金の非課税規定の適用は、契約者および被保険者である父の相続人が取得した保険金に限られる。したがって、長男の代襲相続人である孫には適用されるが、妻は父の相続人でないので適用はない。その結果、妻が受け取った2,500万円は全額が相続税の課税価格に算入されることとなる。

　一方、この適用を受けることができる孫が取得する2,500万円については、法定相続人1人当たり500万円の控除を受けることができる。この場合の法定相続人は、母と次男、そして長男の代襲相続人である孫の3人であることから、その非課税総額は1,500万円となる。他に生命保険金がなければ、孫の取得保険金2,500万円から非課税金額1,500万円を差

し引いた1,000万円を相続税の課税価格に算入することとなる。

【設例2】　次図のような家族構成で、父を契約者・被保険者、長男を保険金受取人、生命保険金6,000万円とする契約で、両名が同時死亡した場合の死亡保険金受取人および生命保険金の非課税規定である法定相続人1人当たり500万円の適用はどうなるか。

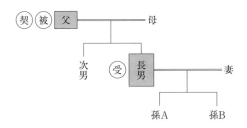

　(解説)　上記ケースで父と長男が同時に死亡した場合の受取人とその額については、指定受取人・長男の相続人である妻と孫Aと孫Bの3人が受取人となり、それぞれ2,000万円ずつ受け取ることとなる。

　次に、生命保険金の非課税規定の適用は、契約者および被保険者である父の相続人が取得した保険金に限られる。したがって、長男の代襲相続人である孫Aおよび孫Bには適用されるが、妻は父の相続人でないので適用はない。その結果、妻が受け取った2,000万円は全額が相続税の課税価格に算入されることとなる。

　一方、この適用を受けることができる孫がそれぞれ取得する2,000万円については、法定相続人1人当たり500万円の控除を受けることができる。この場合の法定相続人は、母と次男、そして長男の代襲相続人である孫Aおよび孫Bの4人であることから、その非課税総額は2,000万円となる。他に生命保険金がなければ、孫それぞれの取得保険金2,000万円から非課税金額1,000万円を差し引いた1,000万円ずつ、合計2,000万円を相続税の課税価格に算入することとなる。

　参考までに長男の妻、孫A、孫B各人の相続税の課税価格に算入される生命保険金額を計算してみると次のようになる。

①　非課税限度額

　　500万円×4人（法定相続人の数。母・次男・孫A・孫B）＝2,000万円

②　受取人各人（相続人以外の者を除く）の保険金の合計額

　　2,000万円（孫A）＋2,000万円（孫B）＝4,000万円

③　孫A、孫Bの非課税財産控除額

　　孫A……2,000万円（非課税限度額）× $\dfrac{2,000万円（孫A分）}{4,000万円（保険金の合計額）}$ ＝1,000万円

孫B……孫Aと同じ。1,000万円

④　各人が受け取った生命保険金額中の課税価格

妻……2,000万円 − 0 ＝ 2,000万円

孫A…2,000万円 − 1,000万円 ＝ 1,000万円

孫B…2,000万円 − 1,000万円 ＝ 1,000万円

11.　孫と養子縁組していた場合の法定相続人の数え方と相続分

　以前、資産家の間で、法定相続人の数を増やせば相続税の課税価格を減らすことができるなどとして、祖父母が孫と養子縁組を結ぶケースも見られた。現行税制においては、このような税負担を不当に減少させる目的の養子と認められるときはその養子を法定相続人の数に含むことはできないことになっているが、そうでないケースでは留意すべき点があるので紹介しておこう。

　次図のような家族構成で、祖父が死亡した場合を例にとり解説する。

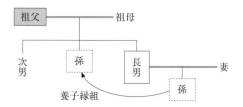

　まず、祖父の死亡時に他の者がすべて健在であるケースでは、法定相続人は祖母、長男、次男、そして孫の計4人が法定相続人となる。

　さて、留意したいのは、祖父の息子（長男）がすでに死亡しており、かつその代襲相続人の孫が祖父の養子となっているケースである。この場合の法定相続人数の計算では、孫は長男の代襲相続人としての身分と、養子縁組による祖父の嫡出子としての身分の二重の相続権を持つことになるが、そのことにより1人の相続人が2人になることはなく、実子1人と数えられる。つまり、祖父の法定相続人は、祖母、次男、孫の3人となる（相法15①、相基通15−4）。ただし、養子という身分と代襲相続人という身分が重複する孫は、両方の相続分を取得することができる。

　遺産に係る基礎控除、生命保険金の非課税財産の計算に注意する必要がある。

　なお、養子縁組により相続税の総額の計算上法定相続人として扱われるのは、実子がいる場合は1人、実子がいない場合は2人までである。さらに、税負担を不当に減少させる目的の養子と認められるときは、これにかかわらず法定相続人の数に含めないこととされている。

　また、平成15年度税制改正で、孫養子について相続税の2割加算が適用されることとな

った。ただし、その養子が代襲相続人となっている場合は、2割加算の対象から除かれる。

12. 婚姻届未提出（内縁の配偶者）は相続人になれるか

　婚姻届を提出しないままの夫婦で、その一方が死亡した場合は、残された配偶者はその相続人には含まれないことになっている。

　過去の判例としては、結婚式を挙げた後、婚姻届を準備している間に夫が急病で死亡したため、妻が「相続人」として、生前、夫が契約していた生命保険会社を相手取り保険金などの支払いを求めた訴訟で、大阪地裁民事九部・大久保敏雄裁判官は昭和53年3月27日「婚姻届の手続きが果たせなかった点で、原告に同情すべき事情はあるが、保険契約で受取人を『相続人』と指定した場合は、保険契約書、告知書に『配偶者あり』との記載があっても、相続人の範囲は民法で規定されており、内縁の配偶者は含まれない」と、訴えを退ける判決を下している。

13. 生命保険金の受取人の実質判定について

　保険証券に記載されている保険金受取人と現実にその保険金を受け取った者が異なる場合には、相続税法第3条第1項第1号に規定する「保険金受取人」を、あくまでも「保険証券に記載されている保険金受取人」と解するのか、それとも「保険金を現実に取得した者」と解するのかによって、非課税規定の適用など、受け取る生命保険金の取り扱いが異なることになる。

　この点については、原則として「保険金受取人」は、その保険契約に係る保険約款等の規定等に基づいて保険事故の発生により保険金を受け取る権利を有する者（つまり保険証券に記載されている保険金受取人）となる（相基通3−11）。しかし、

① 　保険証券等に記載されている保険金受取人が形式的・便宜的に指定されていると認められるにすぎないような事情があること

② 　その名義人以外の者が現実に保険金を取得していること

③ 　保険証券に記載されている保険金受取人の名義変更がなされていなかったことについてやむを得ない事情があると認められること

など、現実に保険金を取得した者がその保険金を取得することについて相当の理由があると認められるときは、その現実に取得した者を相続税法第3条第1項第1号に規定する「保険金受取人」として取り扱うこととしている（相基通3−12）。

14. 代償分割に基づいて行なう生命保険金の分与

　例えば、父の遺産の大部分が土地・建物（7,500万円）で、この遺産分割について兄弟3人

が話し合った結果、①土地・建物は長男、②その他の財産は3人で均等、③長男が受取人となっている父の死亡保険金（7,500万円）は3人で均等に分けるという協議がまとまった場合、その生命保険金に対する課税関係はどうなるのだろうか。

このようなケースの場合、保険契約上の保険金受取人（長男）以外の2人の兄弟が保険金を現実に受け取ることとなったのは、父の遺産の分割にからんだものであり、上記設例で述べたような相当の理由があるとは認められないので、生命保険金（7,500万円）の全額について保険契約上の保険金受取人である長男が相続により取得したものとみなされる。

また、長男以外の兄弟が受け取る2,500万円については、単に贈与ではなく、長男が遺産の大部分を占める居住用の不動産を取得し、他の相続人に債務を負担する代償分割に基づいて受け取ったものとみるのが実情に近いと思われる。この場合には、それぞれが受け取る2,500万円に対しては、相続により取得したとして相続税が課税される。

いずれにしても、代償分割であれば遺産分割協議書の中でそのことを明確にしておくべきであろう。

15. 指定受取人が取得した死亡保険金を他の相続人に分与したときは贈与税がかかるか？

指定受取人が取得する死亡保険金は、相続税額計算上は相続財産に含めて計算することとなるものの、あくまで相続によって取得するものではなく受取人の固有財産として相続財産のなかに入らないというのが一般的な考え方である。

したがって、例えば、夫の死亡保険金を指定受取人である妻が子供にその一部を分け与えるようなケースでは、その与えた保険金（現金）に贈与税が課せられることとなる。

16. 生命保険金は特別受益になるか？

受取人が指定されている場合の生命保険金や勤務先の規定により相続人の一部の者に支払われる死亡退職金は、相続財産ではなく、受取人固有の財産である。

ところが一方で、学説や裁判例の多くは生命保険金や死亡退職金は特別受益であり、受け取った者の相続分から差し引くべきであるとしている。その狙いは、相続人間の公平を図る意味で、これを被相続人からの贈与や遺贈と同一視しようというわけである。

しかし、この場合でも、生命保険金については保険金そのものを特別受益の額とするのか、払い済みの保険料合計額をもって特別受益とするかなど、細かいところでは説は分かれている。

平成16年10月29日の最高裁決定は、「保険金受取人である相続人とその他の共同相続人との間に生ずる不公平が民法903条（特別受益者の相続分）の趣旨に照らし到底是認すること

ができないほどに著しいものであると評価すべき特段の事情が存する場合には、同条の類推適用により、当該死亡保険金請求権は特別受益に準じて持戻しの対象となると解するのが相当である」とした。

　そして、上記特段の事情の有無については「保険金の額、この額の遺産の総額に対する比率のほか、同居の有無、被相続人の介護等に対する貢献の度合いなどの保険金受取人である相続人及び他の共同相続人と被相続人との関係、各相続人の生活実態等の諸般の事情を総合考慮して判断すべきである」としている。

相続・贈与等の用語集

付録

相続・贈与等の用語集

■相続編

遺産に係る基礎控除

相続税額の計算上、課税価格から控除できる金額。控除金額は次の計算による。

3,000万円 +（600万円×法定相続人の数）

3,000万円は定額。したがって、法定相続人が1人もいない場合でも3,000万円の控除がある。また、相続を放棄した者は、上記算式の法定相続人の数に含める。

遺産分割協議

相続人が2人以上いる場合に、共有財産を相続人たちが適当に分割することを遺産の分割といい、そのための相続人の話し合いを遺産分割協議という。

不動産などの登記や配偶者の税額軽減の特例を受ける際の必要に備え、協議ができたことを証する遺産分割協議書を作成する必要がある。そこに押印する印章は、印鑑証明を受けた印章を使用し、名前は未成年者の場合を除いて自分で書く必要がある。

遺贈（いぞう）
（特定遺贈）
（包括遺贈）

遺言による財産処分をいう。遺贈には「特定遺贈」と「包括遺贈」がある。「特定遺贈」とは、この財産を誰に与えるというように、財産とその取得者とが遺贈者によって指定された遺贈のことをいう。「包括遺贈」とは、遺産の何分の1を誰にというように、財産内容を具体的に指定せず、単に割合を示して行うものをいう。

遺留分（いりゅうぶん）
（遺留分侵害額の請求）

相続人が相続するときに、取得することを法律で保証されている一定の利益のことである。遺留分が認められているのは、兄弟姉妹以外の相続人である。また、遺留分は法定相続権に基づくので、相続の欠格・廃除・放棄によって相続権を失った者は遺留分も失う。

被相続人が相続人の遺留分を侵害する遺言をした場合、相続人は「遺留分侵害額の請求」を行うことにより、遺留分侵害額に相当する金銭の支払を請求することができる。

延納

相続税は現金で一時に納めるのが原則であるが、

① 相続税額が10万円を超えていること
② 金銭納付を困難とする事由があり、その金額の範囲内であること
③ 延納申請書を期限内に提出すること
④ 延納税額に相当する担保を提出すること（ただし、延納税額が50万円未満で、かつ、その延納期間が3年以内であるときは担保の提出は不要）

の条件をすべて満たしているときは、申請、許可を受ければ税金を複数年にわたって年払で納める延納ができる。その場合、利子税がかかる。

課税される遺産総額

課税価格から遺産に係る基礎控除額を差し引いた金額をいう。

課税価格

被相続人の全財産（みなし相続財産を含む）および相続時から7年以内に暦年贈与を受けた財産、および相続時精算課税制度の贈与財産の合計額（総遺産額）から、非課税財産、債務、葬式費用を差し引いた金額が課税価格となる。

共同相続人 （共有財産）	相続人が2人以上のときはそれぞれに相続財産の相続権があるため遺産分割までに相当の時間が要するのが常であり、その間所有者不存在にしておくわけにいかない。そこでとりあえず相続人全員の共有として、遺産の法的位置を定めている。この相続人全員を共同相続人という。そしてこれらの共同相続人が持つ相続財産を共有財産という。
寄与分	昭和55年の民法改正で新設追加されたことに伴い、税法でも導入された。寄与分は、被相続人の遺産蓄積に別格の貢献をした場合の、その貢献度をいう。寄与分は、相続人に限り認められている。 　相続においては、貢献度の見積額を優先的に貢献者が承継することを認めており、残額を各相続人（貢献者を含め）の相続分による分割承継の対象とする。
債務控除	相続税計算で、被相続人の負う債務は総遺産額から控除される。債務控除の対象となるのは、相続開始の際に債務が確定しているものに限られ、また、これを受けられるのは法定相続人および遺産のうち一定の割合を遺贈された者に限られる。 　なお、相続人については、相続を放棄した者および相続権を失った者は債務を承継しないこととなる。
7年以内の贈与財産の加算 （7年以内の贈与税額控除）	相続または遺贈により財産を取得した者が相続開始前7年以内に被相続人から贈与を受けた財産があるときは、これを相続税の課税価格に含める。 　各人の相続税額の計算の結果、その者が贈与時に支払った贈与税がある場合は、相続税額からこれを控除することができる（7年以内の贈与税額控除）。ただし、相続税額を超えても、その超過分の還付はない。 　なお、相続時精算課税制度においては、制度適用の贈与財産（基礎控除の適用後）はすべて総遺産額に含めることとなる。すでに支払った贈与税額が相続税額を超える場合は、その超過分について還付を受けることができる。
障害者控除	相続税の納税義務者（法定相続人に限る）が障害者である場合、その者の納付すべき税額から控除される税額控除をいう。控除される金額は、その者が85歳に達するまでの年齢を基準として1年につき、一般障害者10万円、特別障害者20万円となる（1年未満の端数は1年とする）。 　なお、前の相続において控除を受けた者が後の相続においても該当するときは、前の相続で控除し切れなかった場合に限りその控除し切れなかった金額を限度に控除ができる（未成年者控除と同じ）。 　また、控除を受けられる金額が当人の負担額を超えて控除し切れない場合は、その超える金額はその者の扶養義務者が負担すべき相続税から控除できる。
承認 （単純承認） （限定承認） （放棄）	民法では、相続をしたくない者や相続によって不利益を被る者を保護する観点から、相続人は相続開始があったことを知った日から3か月以内に相続を承認するか否かの意思表示を求めている。それには「単純承認」「限定承認」「放棄」の3種類がある。 　「単純承認」とは、承認することで、3か月を過ぎても意思表示がないときは承認したものとみなされる。

「限定承認」とは、被相続人の遺産が債務超過の場合、相続財産を超える部分の債務は相続しないことをいう。

「放棄」とは、相続しないことをいう。

「限定承認」と「放棄」は上記期限内に家庭裁判所にその旨を申述して定められた手続きを踏まなければならない。

申告	相続税の課税価格の合計額が遺産にかかる基礎控除を超える場合、相続人は、相続開始を知った翌日から10か月目に当たる日までに申告しなければならない。

葬式費用

相続税の課税価格計算上において「葬式の前後に生じた出費で通常葬式に伴うものと認められる費用」は控除できる。通達では、

① 埋葬、火葬、納骨または遺がいもしくは遺骨の回送その他に要した費用（本葬のほか仮葬に係るものを含む）

② 葬式に際し施与した金品、ただし被相続人の職業、財産その他の事情に照らして相当と認められる程度が限度

③ 死体の捜査またはその運搬に要した費用

の場合認められるが、以下のものは認められない。

① 香典返し

② 墓碑および墓地の取得費および墓地の借入料

③ 法会に要する費用

④ 医学上または裁判上の特別の処置に要した費用

相次相続控除

相続人が10年以内に2回の相続が発生した場合に、その2回の相続を一体として考え、おおむね1回分の課税にしようというもの。その場合の控除額は次の算式による。

$$A \times \frac{A}{C-A} \times \frac{D}{B} \times \frac{10-E}{10}$$

A…被相続人が1回の相続で得た財産に課せられた相続税額

B…第2回目の相続で相続人、受遺者の全員が得た財産の価額。被相続人の遺産総額（債務控除後の金額）

C…被相続人が第1回の相続で得た財産の価額（債務控除後の金額）

D…Bのうち、控除対象者が得た財産の価額（債務控除後の金額）

E…第1回の相続から第2回の相続までの経過年数。なお、（10-E）が1年未満または1年未満の端数のときは1年

$\dfrac{A}{C-A}$ の割合が1を超えるときは1

相続

相続とは、人が死亡して所有者が不存在になったその者の財産と債務とを、死亡者と一定の続柄にある者が、もらうでもなく与えるでもなく、法により、包括的に承継することである。

相続財産の分与

被相続人に相続人がいない場合、その財産は国庫に帰属させられるが、その前に家庭裁判所は「被相続人と生計を同じくしていた者、被相続人の療養看護に努めた者そ

の他被相続人と特別の縁故があった者」に、その者の請求に基づいて清算後の残存財産の全部または一部を与えることができるとしている。これを相続財産の分与という。

相続時精算課税制度	受贈者がこの制度を選択した場合、被相続人の生前中に受けた贈与財産（基礎控除後）は2,500万円まで贈与税を課せず（2,500万円を超える金額については一律20%課税）、相続時にこれらの贈与財産を相続財産に含めて相続税を計算する制度。
相続税額の2割加算	配偶者ならびに1親等の血族以外の者の納付すべき税額は、計算された税額の20%増と規定されている。なお、孫養子（代襲相続人となる場合を除く）も相続税額の2割加算が適用される。
相続人 （法定相続人）	被相続人の相続財産を受け継ぐ人で、民法で、配偶者、子、直系尊属、兄弟姉妹と定めている。被相続人の配偶者はいつでも相続人になるが、それ以外の者は①子、②直系尊属、③兄弟姉妹という順序が定められている。例えば子がいる場合、直系尊属、兄弟姉妹は相続人になれない。 法定相続人は基本的には上記によるが、養子がいる場合には民法で定める相続人と同一になるとは限らないので注意が必要。
相続人不存在	相続人がいない場合、家庭裁判所を中心にして、相続財産を取得させてもよいと認められる者を探すこととなるが、それでもいない場合は相続人不存在として相続財産は国庫に収納される。
相続の欠格	民法の規定によって相続人となるはずの人でも、被相続人を殺害したり、被相続人の遺言書を偽造するなどの一定の不徳行為をした場合には、相続人になれない。これを相続の欠格という。
相続の廃除	遺留分を有する推定相続人が、被相続人に虐待、重大な侮辱を加えたり、相続人として著しい非行などがあるなど法律上一定の原因がある場合には、被相続人は家庭裁判所に申し立て、その調停または審判によってこの者の相続権を取り上げることができる。このように被相続人の請求に基づいて相続権を取り上げることを相続人の廃除という。
相続の放棄	相続人が、相続しない意思表示を相続の放棄という。この場合、その旨の申述を相続開始があったことを知った日から3か月以内に家庭裁判所に行うこととなる。
相続分	2人以上の相続人（共同相続人）がある場合、財産の相続は被相続人との続柄によって相続人相互間の相続割合が決められる。これを相続分という。例えば、配偶者と子2人で相続する場合、配偶者2分の1、子はそれぞれ4分の1という割合が相続分である。
代襲相続 （代位相続）	被相続人の子が、相続開始以前に死亡したときまたは相続の欠格や廃除によって相続権を失ったときは、それらの者の子で被相続人に直系卑属である者が、これを代襲して相続人となる。この規定は相続人が兄弟姉妹である場合にも準用されるが、一世

限り（被相続人の甥、姪まで）となる。

代襲相続人はそれぞれ法定相続人の数とされるが、相続分はその者の被代襲者1人分のみとなる。その場合、複数いる場合は均等で分ける。

代償分割

相続財産を相続人間で分割承継する方法の1つ。特別の事由があると認められるときは、遺産の分割方法として、共同相続人の1人または数人に他の共同相続人に対し債務を負担させて、現物をもってする分割に代えることができる。

同時死亡

例えば、祖父と父が同乗中の自動車が事故に遭い、双方が死亡した場合、相続権の問題は、どちらが先に死亡し、後に死亡したかによって大きく異なってくる。しかし、現実の問題として死亡時刻の後先の判定が不可能である場合などは、同時に死亡したとみなして処理することとなる。したがって、例のケースでは、祖父、父それぞれ相続が発生したとして、各人の相続人がそれぞれの相続税計算を行い、申告することとなる。

なお、同時死亡した者の間ではお互いに相続しないこととなる。

特別受益

共同相続人の中には、例えば結婚の持参金など、被相続人から生前中に贈与財産を受けている者があった場合（実質上相続財産の生前承継）、この受贈財産を特別受益といい、受贈者を特別受益者という。

特別受益がある場合は、相続開始時の遺産の額にこの特別受益を加算したものを相続遺産とみなし、特別受益者の法定相続分から控除した残額をその者の相続分とすることとなる。

納付

納税義務者は、相続開始の翌日から10か月以内に申告を行い、申告書に記載した納税額を、原則金銭で納付しなければならない。

相続税および贈与税の納付には連帯納付の義務、および物納や延納といった制度が設けられている。

配偶者の税額軽減

被相続人の相続財産は、配偶者とともに築きあげてきた面があること、また配偶者の老後の生活資金等を考慮して、相続税額の軽減を受けることができる。一般に、配偶者の相続税の課税価格（実際取得額）が、課税価格の合計額の配偶者の法定相続分以下であるか、または1億6,000万円以下である場合には、配偶者は相続税を納めなくてもよいことになっている。

なお、これを受けるためには、申告期限までに遺産分割が行われることが条件（ただし、申告期限後3年以内に分割が行われた場合、またはそれ以内にできないことを税務署長が認めた場合は適用）となる。

非課税財産

①皇室経済法により皇位とともに皇嗣が受けたもの、②相続により取得した墓所、霊廟、祭具等、③公益事業を行う者が取得した財産のうち、当該公益目的の事業の用に供されるもの、④心身、障害者共済制度に基づく給付金の受給権、⑤一定額までの生命保険金等の保険金、⑥一定額までの退職手当金、は非課税財産として相続財産に含めないこととなっている。

物納	納付は金銭が原則だが、それが困難であると認められる金額を限度として、国債や不動産、株式、動産などによる物納ができる。
扶養義務者	配偶者、直系血族および兄弟姉妹、家庭裁判所の審判を受けて扶養義務者となった3親等以内の親族の総称。
未成年者控除	相続税の納税義務者が未成年者（18歳未満の法定相続人に限る）である場合には、その納付すべき税額から控除される税額をいう。控除される金額は、その者が18歳に達するまでの年数を基準として1年につき10万円。1年未満の端数は1年とする。 令和4年4月1日以後の相続等については、18歳となった。
みなし相続財産	民法上は本来の相続・遺贈によって取得した財産ではないが、実質的にはこれと同様な経済的効果があるものについて、課税の公平を図る見地から、相続・遺贈によって取得したとみなして相続税の課税財産としている。この財産をみなし相続財産という。主なものには①生命保険の死亡保険金、②死亡退職手当金、③保険事故未発生の生命保険契約で、その保険料を被相続人が負担しており、被相続人以外の者がその契約者である場合の生命保険契約に関する権利、④保証期間付年金契約で、年金受取人が死亡したことにより継続受取人が取得した年金受給権などがある。
遺言 （自筆証書遺言） （公正証書遺言） （秘密証書遺言）	被相続人が生前中に、自分が死亡した場合に自分の財産を誰に相続させるかを記述したもので、相続が発生して法的に効力がある場合、原則として法定相続よりも遺言が優先される。 遺言は大きく「普通方式」と「特別方式」の2種類がある。 「特別方式」は、遺言者が危篤の場合や海難事故など緊急を要する場合の方法である。 「普通方式」には、「自筆証書遺言」「公正証書遺言」「秘密証書遺言」がある。「自筆証書遺言」は、遺言者が遺言内容の全文、日付、氏名を書き（財産目録については自書でなくてもよい）、印を押して作成する。法務局での保管制度がある。「公正証書遺言」は、遺言者が公証人に遺言の主旨を述べ、これを公証人が公正証書として作成する。証人2人以上の立会いが必要で、公証人は書き上げたものを読み上げ、証人と公証人が各自署名し、押印する。控えを作成し、原本は公証人役場で保管される。「秘密証書遺言」は、遺言者があらかじめ書いた遺言を公証人と2人以上の証人の前に提出し、自分の遺言であることを証明してもらう。公証人は提出日と、本人の遺言書である旨を認め、遺言者、証人ともに署名、押印する。誰が保管してもよい。
養子 （特別養子）	正規の手続きを経て養子縁組をし、その旨を登記した者は嫡出子とされる。養子は、実家における身分上の地位は消滅しないので、実家においても相続人とされる。税法では、相続人中に実子がいる場合は養子1人、実子がいない場合は2人まで法定相続人の数に加えることを認めている。ただし、「特別養子」は実子とされる。 「特別養子」は、一般の養子と異なり、養親の実子として扱う制度による養子で、実家の親との関係は一切断ち切られる。

■贈与編

延納	贈与税は金銭で一時に納めるのが原則であるが、金銭で一時に納めることが困難な金額を限度として、5年以内の年賦延納が認められている。 　① 申告（修正申告を含む）による納付税額または更正、決定による追徴税額が10万円を超えていること 　② 納期限まで、または納付すべき日に金銭で納付することを困難とする理由があること 　③ 担保を提供すること 　④ 贈与税の納期限または納付の日までに所定の延納許可申請書を提出することが要件となっている。
課税価格	1月1日から12月31日までのその年中に贈与を受けたすべての財産の価額の合計額が課税価格となる。 　なお、相続時精算課税制度の適用を受ける場合には、贈与を受けた年に関係なく、贈与を受けたすべての財産（非課税財産を除く）の価額（基礎控除の適用後）が累積合算され、その額が2,500万円を超えた場合、その超えた額に一律20%課税が行われる。
基礎控除	贈与財産の課税価格から控除できる金額。1年間に贈与を受けた財産の価額の合計額から110万円を限度に控除が認められている。
混合贈与	例えば時価300万円の財産を100万円で売り、時価との差額を贈与してやるというように、当事者が有償契約を結ぶと同時に、その客観的な対価を不均衡にして、特に一方の相手方に利益を得させようとする契約をいう。
死因贈与	「私が死んだらこの土地をあげるよ」というように、財産を贈与する者が死亡してはじめて効力を生ずることとなる贈与をいう。
申告	贈与を受けた財産の価額の合計額が基礎控除額の110万円を超える場合、贈与を受けた翌年の2月1日から3月15日までに申告書を提出しなければならない。
定期贈与	例えば毎年100万円ずつ10年間贈与するというように、定期の給付を目的とする贈与をいう。
非課税財産	①法人からの受贈財産、②通常の生活費または教育費に充てるために扶養義務者相互間で贈与された受贈財産、③公益事業者が受けた公益事業用受贈財産、④心身障害者共済制度に基づく給付金の受給権、⑤公職選挙法の適用を受ける選挙において候補者が選挙運動に関して受けた受贈財産、⑥特別障害者が受ける信託受益権は非課税財産となる。
負担付贈与	例えば、土地をあげるが同時に土地の購入のための借入金の一部を負担させるというように、財産の贈与を受けた者に一定の給付をなすべき義務を負わせる贈与をいう。

■財産評価編

現価 （複利現価） （複利年金現価）	将来の一定時期における一定金額を現在時点に引き直した場合の価額を現価という。そして、その間の収益を複利計算でみたものが複利現価という。また、将来の一定期間毎年一定金額を支払うに必要な元金を、現在時点で複利計算を前提として求めたものを複利年金現価という。
公示価格	都市とその周辺地域を対象に、標準地を選定し、不動産鑑定士の鑑定を基礎に正常価格を定め、公共用地の取得、収用等の場合の補償金算定の基準とするほか、合わせて一般取引における指標として公示される価格を公示価格という。
固定資産税評価割増方式	この方式で評価する場合の評価額は、固定資産税の税額を算出するための基礎となった課税標準額ではなく、土地課税台帳もしくは土地補充課税台帳に登録された評価額による。その価額は、市町村役場や税務事務所でわかる。
小規模宅地等（特例）	個人が、相続または遺贈により取得した財産のうちに、被相続人等の事業の用または居住の用に供されていた特例対象宅地等（借地権を含む）がある場合には、遺産である宅地等のうち特定事業用宅地等、特定同族会社事業用宅地等および国営事業用宅地等については400㎡までの部分、特定居住用宅地等については330㎡までの部分、その他小規模宅地等については200㎡までの部分に対しての相続税の課税価格について、相続時の状況により50％または80％の減額を受けることができる特例が設けられている。
純資産価額方式	小会社の株式評価に原則として適用されるもので、1株（額面金額を50円として）当たりの純資産価額をもって評価額とする方法である。相続税評価額によって算出した総資産価額から、債務の金額および評価差額に対する法人税額等に相当する金額を差し引いて求めた金額、すなわち純資産価額を発行済株式数で除して求めた金額が1株当たりの評価額となる。
配当還元方式	配当還元方式は、株式評価方法の1つとして、非上場会社、とくに同族会社の株主には付き合いで株式を取得したというようないわば消極的な持株が少なくない実情を考慮して、もっぱら配当金の取得を期待しているものと推察されることから設けられた。 　1株当たりの評価額は、（その株式に係る年配当金額÷10％）×（その株式の1株当たり資本金等の額÷50円）により求める。
類似業種比準価額方式	大会社や中会社の株式評価に使われる方式で、類似業種の株価ならびに配当金額、利益金額および純資産価額（帳簿価額によって計算した金額）を用いて計算する。
路線価方式	宅地の評価方法の1つで、市街地的形態を形成する地域にある宅地に適用される。おおむね公示価格の80％ぐらいとなっている。 　相続財産としての宅地の評価額を算出するときは、路線価に奥行価格補正率や側方路線影響加算率を掛けて評価額を算出することとなる。

令和5年分の都道府県庁所在都市における最高路線価（1㎡当たり）

順位	前年順位	都市名	最　高　路　線　価　の　所　在　地	令和5年分最高路線価	令和4年分最高路線価	対前年比令和5年分／令和4年分
				千円	千円	%
1	1	東　京	中央区銀座5丁目銀座中央通り	42,720	42,240	101.1
2	2	大　阪	北区角田町御堂筋	19,200	18,960	101.3
3	3	横　浜	西区南幸1丁目横浜駅西口バスターミナル前通り	16,800	16,560	101.4
4	4	名古屋	中村区名駅1丁目名駅通り	12,800	12,480	102.6
5	5	福　岡	中央区天神2丁目渡辺通り	9,040	8,800	102.7
6	6	京　都	下京区四条通寺町東入2丁目御旅町四条通	6,970	6,730	103.6
7	7	札　幌	中央区北5条西3丁目札幌停車場線通り	6,680	6,160	108.4
8	8	神　戸	中央区三宮町1丁目三宮センター街	5,000	4,900	102.0
9	9	さいたま	大宮区桜木町2丁目大宮駅西口駅前ロータリー	4,750	4,400	108.0
10	10	仙　台	青葉区中央1丁目青葉通り	3,470	3,390	102.4
11	11	広　島	中区胡町相生通り	3,390	3,290	103.0
12	12	熊　本	手取本町下通り	2,040	2,060	99.0
13	15	千　葉	中央区富士見2丁目千葉駅側通り	1,940	1,240	－
14	13	岡　山	北区本町市役所筋	1,640	1,500	109.3
15	14	那　覇	久茂地3丁目国際通り	1,450	1,420	102.1
16	16	静　岡	葵区紺屋町紺屋町名店街呉服町通り	1,140	1,140	100.0
17	17	鹿児島	東千石町天文館電車通り	910	900	101.1
18	18	金　沢	堀川新町金沢駅東広場通り	900	890	101.1
19	19	長　崎	浜町浜市アーケード	770	760	101.3
20	20	奈　良	東向中町大宮通り	730	690	105.8
21	21	松　山	大街道2丁目　大街道商店街	670	660	101.5
22	22	大　分	末広町1丁目　大分駅北口ロータリー	540	530	101.9
23	23	富　山	桜町1丁目駅前広場通り	510	500	102.0
24	24	岐　阜	吉野町5丁目岐阜停車場線通り	490	470	104.3
25	25	新　潟	中央区東大通1丁目新潟駅前通り	450	440	102.3
26	26	和歌山	友田町5丁目JR和歌山駅前	360	360	100.0
26	27	高　松	丸亀町高松丸亀町商店街	360	350	102.9
28	28	福　井	中央1丁目駅西口広場通り	350	330	106.1
29	29	宇都宮	宮みらい　宇都宮駅東口駅前ロータリー	320	310	103.2
30	30	徳　島	一番町3丁目徳島駅前広場通り	290	295	98.3
31	31	長　野	大字南長野長野駅前通り	280	280	100.0
31	32	大　津	春日町JR大津駅前通り	280	275	101.8
33	33	甲　府	丸の内1丁目甲府駅前通り	260	260	100.0
34	34	宮　崎	橘通西3丁目橘通り	230	230	100.0
35	35	盛　岡	大通2丁目大通り	220	225	97.8
35	36	水　戸	宮町1丁目水戸駅北口ロータリー	220	220	100.0
37	37	高　知	本町1丁目電車通り	210	210	100.0
37	38	佐　賀	駅前中央1丁目駅前中央通り	210	205	102.4
39	39	福　島	栄町福島駅前通り	200	195	102.6
40	40	津	羽所町津停車場線通り	190	190	100.0
41	41	山　形	香澄町1丁目山形駅前大通り	175	175	100.0
42	42	青　森	新町1丁目新町通り	155	155	100.0
43	43	山　口	小郡黄金町山口阿知須宇部線通り	145	145	100.0
44	44	松　江	朝日町駅通り	140	140	100.0
45	45	前　橋	本町2丁目本町通り	130	130	100.0
45	46	秋　田	中通2丁目秋田駅前通り	130	125	104.0
47	47	鳥　取	栄町若桜街道通り	97	100	97.0

（注）　1　千葉市は最高路線価の所在地を変更した。変更後の所在地は，令和4年分が市街地再開発事業の施
　　　　　　行区域で路線価を定めていなかったため，令和4年分最高路線価欄は変更前の所在地における路線価
　　　　　　とし，対前年比は「－」とした。
　　　　2　福岡市は最高路線価の所在地を変更した。令和4年分の路線価は変更前の所在地と同じだった。

平成27年分～令和3年分の都道府県庁所在都市における最高路線価

令和3年分 最高路線価	令和2年分 最高路線価	令和元年分 最高路線価	平成30年分 最高路線価	平成29年分 最高路線価	平成28年分 最高路線価	平成27年分 最高路線価	変動率 令和5年分 平成27年分	都市名
千円	千円	千円	千円	千円	千円	千円	%	
42,720	45,920	45,600	44,320	40,320	32,000	26,960	158.4	東 京
19,760	21,600	16,000	12,560	11,760	10,160	8,320	230.7	大 阪
16,080	15,600	11,600	10,240	9,040	7,810	7,130	235.6	横 浜
12,320	12,480	11,040	10,000	8,800	8,400	7,360	173.9	名古屋
8,800	8,800	7,870	7,000	6,300	5,600	5,000	180.8	福 岡
6,530	6,730	5,700	4,750	3,920	3,250	2,780	250.7	京 都
5,880	5,720	4,880	4,240	3,680	3,120	2,790	239.4	札 幌
5,200	5,760	4,900	3,920	3,200	2,800	2,480	201.6	神 戸
4,260	4,260	3,700	3,300	2,990	2,760	2,580	184.1	さいたま
3,300	3,180	2,900	2,540	2,260	1,980	1,760	197.1	仙 台
3,180	3,290	3,050	2,800	2,560	2,300	2,050	165.3	広 島
2,100	2,120	1,820	1,500	1,230	1,190	1,150	177.3	熊 本
1,180	1,140	1,040	950	910	1,120	1,090	177.9	千 葉
1,480	1,480	1,370	1,260	1,180	1,110	1,030	159.2	岡 山
1,430	1,450	1,030	740	670	630	600	241.6	那 覇
1,160	1,210	1,200	1,180	1,170	1,140	1,120	101.7	静 岡
910	920	900	830	810	810	810	112.3	鹿児島
920	960	900	830	770	670	590	152.5	金 沢
760	760	750	740	730	730	730	105.4	長 崎
700	800	660	590	560	540	530	137.7	奈 良
660	660	650	640	620	610	590	113.5	松 山
530	520	490	440	400	390	360	150.0	大 分
490	490	490	480	470	460	440	115.9	富 山
470	470	460	460	440	430	420	116.6	岐 阜
440	450	440	430	430	440	450	100.0	新 潟
360	360	360	360	360	360	360	100.0	和歌山
360	360	340	330	320	310	310	116.1	高 松
330	320	300	290	280	265	265	132.0	福 井
300	290	280	280	280	280	280	114.2	宇都宮
295	310	300	300	295	295	295	98.3	徳 島
285	295	285	285	285	285	285	98.2	長 野
270	275	270	265	260	250	245	114.2	大 津
265	275	270	265	255	250	245	106.1	甲 府
230	230	230	230	230	230	230	100.0	宮 崎
230	250	245	240	235	235	235	93.6	盛 岡
225	225	230	230	235	240	245	89.7	水 戸
210	215	210	205	205	205	205	102.4	高 知
200	195	185	175	165	160	160	131.2	佐 賀
190	195	190	170	165	160	155	129.0	福 島
195	200	190	195	195	195	195	97.4	津
170	170	170	170	165	165	165	106.0	山 形
155	160	155	155	155	155	160	96.8	青 森
145	145	145	145	145	145	145	100.0	山 口
140	140	135	135	135	135	135	103.7	松 江
130	130	130	130	130	130	130	100.0	前 橋
125	125	125	120	120	125	130	100.0	秋 田
105	105	105	110	110	110	115	84.3	鳥 取

相続開始後のスケジュール

<仏式のスケジュール例>

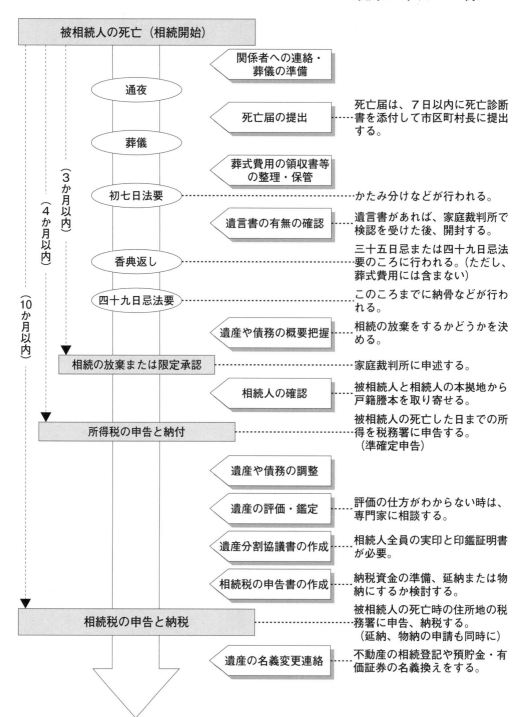

被相続人の死亡（相続開始）

関係者への連絡・葬儀の準備

通夜

死亡届の提出 ……… 死亡届は、7日以内に死亡診断書を添付して市区町村長に提出する。

葬儀

葬式費用の領収書等の整理・保管

初七日法要 ……… かたみ分けなどが行われる。

遺言書の有無の確認 ……… 遺言書があれば、家庭裁判所で検認を受けた後、開封する。

香典返し ……… 三十五日忌または四十九日忌法要のころに行われる。（ただし、葬式費用には含まない）

四十九日忌法要 ……… このころまでに納骨などが行われる。

遺産や債務の概要把握 ……… 相続の放棄をするかどうかを決める。

（3か月以内）相続の放棄または限定承認 ……… 家庭裁判所に申述する。

相続人の確認 ……… 被相続人と相続人の本拠地から戸籍謄本を取り寄せる。

（4か月以内）所得税の申告と納付 ……… 被相続人の死亡した日までの所得を税務署に申告する。（準確定申告）

遺産や債務の調整

遺産の評価・鑑定 ……… 評価の仕方がわからない時は、専門家に相談する。

遺産分割協議書の作成 ……… 相続人全員の実印と印鑑証明書が必要。

相続税の申告書の作成 ……… 納税資金の準備、延納または物納にするか検討する。

（10か月以内）相続税の申告と納税 ……… 被相続人の死亡時の住所地の税務署に申告、納税する。（延納、物納の申請も同時に）

遺産の名義変更連絡 ……… 不動産の相続登記や預貯金・有価証券の名義換えをする。

親族の等級と範囲

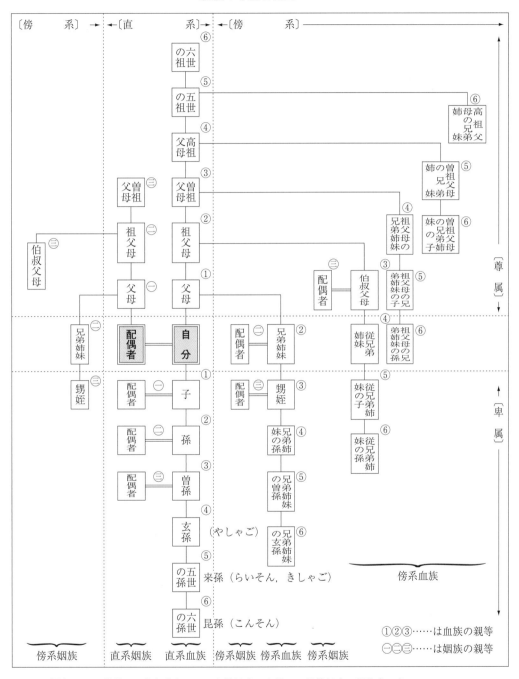

(注) 　1．税法でいう親族とは，6 親等以内の血族，3 親等以内の姻族をいう。
　　　　2．　自分　を中心としてみた場合，直系卑属は子，孫……をさし，直系尊属は①父母，②祖父
　　　　母　……をさす。

相続と生命保険〈2023年増補改訂増刷〉

―生命保険は相続に強い―

平成10年7月6日　初版発行　　定価1,980円（本体1,800円＋税10%）
平成30年10月29日　改訂新版発行
令和3年4月26日　一部改訂増刷
令和5年9月30日　増補改訂増刷

企画／編集　　　　　榊　原　正　則
発 行 者　　　　　今　井　進次郎

発行所　　　株式　新日本保険新聞社
　　　　　　会社
　　　　　　　　大阪市西区靱本町1－5－15
　　　　　　　　郵便番号　550－0004
　　　電 話　大阪　（06）6225－0550（代表）
　　　FAX　大阪　（06）6225－0551（専用）
　　　ホームページ　https://www.shinnihon-ins.co.jp/

ISBN978-4-910503-15-8 印刷／株式会社　広済堂ネクスト
大阪市中央区高麗橋四丁目1番1号興銀ビル2階

＜参考１＞相続税の税率の推移

昭和50年		昭和63年		平成4年		平成6年		平成15年		平成27年	
税率	取得価額	税率	取得価額	税率	取得価額	税率	取得価額	税率	取得価額	税率	取得価額
%	万円以下	%	万円以下	%	万円以下	%	万円以下	%	万円以下	%	万円以下
10	200	10	400	10	700	10	800	10	1,000	10	1,000
15	500	15	800	15	1,400	15	1,600	15	3,000	15	3,000
20	900	20	1,400	20	2,500	20	3,000	20	5,000	20	5,000
25	1,500	25	2,300	25	4,000	25	5,000				
30	2,300	30	3,500	30	6,500	30	10,000	30	10,000	30	10,000
35	3,300	35	5,000	35	10,000						
40	4,800	40	7,000	40	15,000	40	20,000	40	30,000	40	20,000
45	7,000	45	10,000	45	20,000					45	30,000
50	10,000	50	15,000	50	27,000	50	40,000	50	30,000	50	60,000
55	14,000	55	20,000	55	35,000				～	55	60,000
60	18,000	60	25,000	60	45,000	60	200,000				～
65	25,000	65	50,000	65	100,000						
70	50,000	70	50,000	70	100,000	70	200,000				
75	50,000		～		～		～				
	～										

税率区分	14	13	13	9	6	8

＜参考２＞相続税の課税最低限の推移

年	課　税　最　低　限
昭和50年	2,000万円＋（400万円×法定相続人数）
昭和63年	4,000万円＋（800万円×法定相続人数）
平成4年	4,800万円＋（950万円×法定相続人数）
平成6年	5,000万円＋（1,000万円×法定相続人数）
平成27年	3,000万円＋（600万円×法定相続人数）

＜参考３＞配偶者に対する税額軽減制度の変遷

年	制　度　の　概　要
昭和50年	合計課税価格の３分の１（その額が4,000万円に満たない場合には4,000万円）に対応する相続税額を限度として控除する。
昭和56年	合計課税価格の２分の１（その額が4,000万円に満たない場合には4,000万円）に対応する相続税額を限度として控除する。
昭和63年	合計課税価格に配偶者の法定相続分を乗じた額（その額が8,000万円に満たない場合には8,000万円）に対応する相続税額を限度として控除する。
平成6年	合計課税価格に配偶者の法定相続分を乗じた額（その額が１億6,000万円に満たない場合には１億6,000万円）に対応する相続税額を限度として控除する。

「所得税」税額速算表（平成27年分以後）

課税所得金額(A)	税　率(B)	控　除　額(C)
195万円以下	5　%	－万円
330　〃	10	9.75
695　〃	20	42.75
900　〃	23	63.6
1,800　〃	33	153.6
4,000　〃	40	279.6
4,000万円超	45	479.6

計算方法　税額＝(A)×(B)－(C)

「住民税」税額速算表

課税所得金額	税　率	
	市町村民税	道府県民税
一　律	6 %	4 %

※平成25年～令和19年までの間は、復興特別所得税として、所得税の額の2.1%が課税される。

平成26年度～令和5年度までの間は、復興特別住民税として、均等割に1,000円が加算される。

「相続税」税額速算表（平成27年分以後）

法定相続分に応ずる取得金額(A)	税率(B)	控除額(C)
万円 1,000以下	% 10	万円 －
3,000　〃	15	50
5,000　〃	20	200
10,000　〃	30	700
20,000　〃	40	1,700
30,000　〃	45	2,700
60,000　〃	50	4,200
60,000　超	55	7,200

計算方法　税額＝(A)×(B)－(C)

「贈与税」税額速算表（平成27年分以後）

特例贈与財産＊			一般贈与財産		
基礎控除後の課税価格(A)	税率(B)	控除額(C)	基礎控除後の課税価格(A)	税率(B)	控除額(C)
万円 200以下	% 10	万円 －	万円 200以下	% 10	万円 －
400　〃	15	10	300　〃	15	10
600　〃	20	30	400　〃	20	25
1,000　〃	30	90	600　〃	30	65
1,500　〃	40	190	1,000　〃	40	125
3,000　〃	45	265	1,500　〃	45	175
4,500　〃	50	415	3,000　〃	50	250
4,500　超	55	640	3,000　超	55	400

計算方法　税額＝(A)×(B)－(C)
＊20歳以上の直系卑属（子や孫など）への贈与に限る。